人物篇

仓央嘉措传

红尘莲花
自成传奇

《幸福拉萨文库》编委会 编著

西藏人民出版社

图书在版编目（CIP）数据

仓央嘉措传/《幸福拉萨文库》编委会编著. -- 拉萨：西藏人民出版社，2019.6（2021.9 重印）
（幸福拉萨文库）
ISBN 978-7-223-06330-2

Ⅰ. ①仓… Ⅱ. ①幸… Ⅲ. ①传记文学－中国－当代 Ⅳ. ① I25

中国版本图书馆 CIP 数据核字（2019）第 079530 号

仓央嘉措传

编　　著	《幸福拉萨文库》编委会
责任编辑	计美旺扎
策　　划	计美旺扎
封面设计	颜　森
出版发行	西藏人民出版社（拉萨市林廓北路 20 号）
印　　刷	三河市东兴印刷有限公司
开　　本	710×1040　　1/16
印　　张	14
字　　数	207 千
版　　次	2020 年 6 月第 1 版
印　　次	2021 年 9 月第 2 次印刷
印　　数	10,001-12,000
书　　号	ISBN 978-7-223-06330-2
定　　价	35.00 元

版权所有　翻印必究
（如有印装质量问题，请与出版社发行部联系调换）
发行部联系电话（传真）：0891-6826115

《幸福拉萨文库》编委会

主　　　任	齐扎拉	西藏自治区党委副书记、自治区政府主席
	白玛旺堆	西藏自治区党委常委、拉萨市委书记
常务副主任	张延清	西藏自治区政府副主席、日喀则市委书记
	果　果	拉萨市委副书记、市长、城关区委书记
	车明怀	西藏社科院原党委书记、副院长
副　主　任	马新明	拉萨市委原副书记
	达　娃	拉萨市委原副书记、市人大常委会主任
	肖志刚	拉萨市委副书记
	庄红翔	拉萨市委副书记、组织部部长
	袁训旺	拉萨市政协主席、经开区党工委书记
	占　堆	拉萨市委常委、常务副市长
	吴亚松	拉萨市委常委、宣传部部长
主　　　编	《幸福拉萨文库》编委会	
执 行 主 编	占　堆	拉萨市委常委、常务副市长
	吴亚松	拉萨市委常委、宣传部部长
副　主　编	范跃平	拉萨市委宣传部常务副部长
	龚大成	拉萨市委宣传部副部长
	李文华	拉萨市委宣传部副部长
	许佃兵	拉萨市委宣传部副部长
	拉　珍	拉萨市委宣传部副部长
	赵有鹏	拉萨市委宣传部副部长

委　　员　张春阳　拉萨市委常务副秘书长
　　　　　张志文　拉萨市人大常委会副秘书长
　　　　　杨年华　拉萨市政府副秘书长
　　　　　张　勤　拉萨市政协副主席
　　　　　何宗英　西藏社科院原副院长
　　　　　格桑益西　西藏社科院原研究员
　　　　　蓝国华　西藏社科院科研处处长
　　　　　陈　朴　西藏社科院副研究员
　　　　　王文令　西藏社科院助理研究员
　　　　　阴海燕　西藏社科院助理研究员
　　　　　杨　丽　拉萨市委宣传部理论科科长
　　　　　其美江才　拉萨市委宣传部宣教科科长
　　　　　刘艳苹　拉萨市委宣传部理论科主任科员

前言

我是佛陀落尘埃

　　很多人初识仓央嘉措大概都源于一些似是而非的传说。即使了解了真相，人们还是情愿把缠绵柔软的句子与他联系起来。可叹仓央嘉措生前就被种种争议缠身，离世数百年依然没能摆脱重重迷雾。而诗歌像一条勾连时空的线索，引人追溯历史的细节。此时，他的故事非但没有褪色，反而被这些才情点染得更加传奇。

　　仓央嘉措的一生充满戏剧色彩。他原本出生在一个穷乏的边境山村，却幸运地在两位喇嘛的安排下，进入寺院，开始了贵族子弟才能拥有的学经生活。错那的山山水水原本足以守护他平凡的生活，却未料到突然之间，他被迎请到百里之外，登上了尊贵的宝座。然而宝座上只有光环，没有权柄，他在政治斗争的风口浪尖无所适从。所以才有了他的一次次失意、逃离、叛逆、放纵——一切行事风格都与他的至尊头衔格格不入。如果他生来就是活佛，那么一切压抑与反抗似乎早已命定。

　　世人常说，得不到的便是最好的，或许因此人们才对仓央嘉措如此钟爱。爱而不得是他一生中最难排解的痛苦，不得的包括爱情、自由、诗意……命运欠了他一个平凡而自足的尘世。

可作为一个未失本性的年轻人，仓央嘉措没有认命。像希腊神话中的西西弗斯一样，尽管知晓命运的强大，他仍然义无反顾地想要跃出樊笼，他要为心灵放歌，为人性辩护。于是，仓央嘉措遁入红尘，混迹于街头酒肆，他觉得那才是绚烂人生的天堂。他舍弃了一个空虚的宝座，换得一卷动人的情歌。

言行怪异的高僧并不罕见，他们往往还会有圣迹显露，常人不解，便奉为神灵，但恐怕没有哪一个地位显赫的僧人像仓央嘉措这样浪荡不羁。频频出入酒肆，幽会女子，甚至声称要还俗退戒，告别佛门：这般惊世骇俗的言行集中于藏传佛教的最高领袖身上，大概也是空前绝后的。

不过，凡是性情之人都会得到宽宥。所以，就连同时代的高僧大德们也竭力维护这个悖逆佛陀的法王，更无须说三百年来，一代代读者与信徒对他的追念与热爱。他的诗歌不仅抒写了自己的悲喜，也道出了所有人必经的情感。曾缄先生这样评论仓央嘉措的诗歌："所言多男女之私，而颂扬佛法者时亦间出，流水落花，美人香草，情辞悱丽，余韵欲流，于大雪中高吟一曲，将使万里寒光，融为暖气，芳菲灵异，诚有令人动魄惊心者也。"

德国诗人诺瓦利斯有云："诗人和僧侣起初是一回事，只不过后来的时代将他们分开了，但真诗人必不失僧侣心，真僧侣亦必有诗人心。"这句话也许可用来概括仓央嘉措一辈子纠缠不清的双重身份。而后人也不必再为此纠结，他本就是一个至情至性的赤子。自由是每个人精神的需求，而诗就是他们内心的信仰。

至于仓央嘉措的圆寂之谜，本书综合不同史料与当今学界的共识，更倾向于他是在青海湖畔早逝的。遁去弘法之说，自然也是一种可能，只是《六世达赖喇嘛仓央嘉措秘传》（此为当代汉译本，书名原本为《一切知语自在法称海妙吉祥传记——殊异圣行妙音天界琵琶音》，也简称《仓央嘉措秘传》或《秘传》）一书所述其后半生经历与前半生相去较远，笔者难以把握其中奥义，便简述为一节，供读者参看。

仓央嘉措诗歌能在汉语圈中广受欢迎，离不开精彩的译介。本书特别附上于道泉先生的白话诗译本和曾缄先生的七言绝句译本，邀读者重温经典，正是这些脍炙人口的译作吸引更多人走进仓央嘉措的传奇一生。前辈们留下的成果，我们应当铭记和感谢。

本书中每章前援用当代诗人与本书主题相关的诗句，既作为各章内容的导引，也体现了当代诗人对仓央嘉措的关注与理解（但扎西拉姆·多多的《少年，少年》并非以仓央嘉措为写作对象）。在此，向扎西拉姆·多多、敬文东、西川、侯马、洪烛、舒洁等诗人致谢。

随着近年来"仓央嘉措热"的兴起，相关著作不断涌现，让人们对仓央嘉措的人生与诗歌有了更多了解，但也难免使他简化为几个笼统的标签，或被过多演绎。在本书中，笔者忠于历史，竭力还原一个真实可感的仓央嘉措。当然，限于水平，文中舛讹处在所难免，尚祈读者指教。

目 录

第一章
故 园 梦

记得山南那一边·002
与诗相遇的日子·008
爱的初颜足以永恒·015

第二章
局 中 佛

水波不兴，暗流涌动·026
第巴乱了阵脚·031
忽然来到浪卡子·036
无上尊荣如囚笼·048
十八岁，两手空空·057

第三章
红 尘 游

看得见的烟火人间 · 066
龙王潭里恣欢谑 · 074
酒肆夜色未央时 · 080
不作菩提语,唱彻凡人歌 · 089

第四章
叛 逆 者

雪的目击 · 098
一颗尘心逐自由 · 106
是与不是,我自圆满 · 113
已知情深,何妨缘浅 · 119

第五章
生 死 劫

破碎时世 · 128
都说他是迷失菩提 · 137
哲蚌寺的尖锐时刻 · 142
青海湖畔音尘绝 · 151

第六章
身 后 事

来世落定尘埃·160
《秘传》里的另一种可能·167
红尘莲花,自成传奇·172

附 录

1. 六世达赖喇嘛仓央嘉措年谱·176
2. 仓央嘉措诗歌集·178

主要参考文献·209

第一章
故园梦

只需要穿着你的一身白衣

让阳光照进你

你要明媚地笑着

等我满身风尘地

回来认取

——扎西拉姆·多多《少年，少年》

记得山南那一边

蔚蓝的天空，澄净的湖水，皑皑的雪山，袅袅的桑烟，这里是西藏。

历代人对西藏地区的敬畏，已经将它固定为一个遥远而神圣的符号。以信仰之名、出世之心，无数人曾不远千里来到高原之上，触摸着经筒，眺望着圣湖，他们双手合十的那一刻，也许都曾回归为一个赤子的灵魂。

冷静的白，清澈的蓝，成了西藏的印象色彩。不过，若是到了山南地区，你便会发现这一百多万平方公里的高原上也有另一番景象。

在西藏人民眼中，山南有着非同寻常的意义。这里就是西藏著名的传说——神猴与罗刹女结合诞生第一位西藏先祖的地方。第一位赞普在此君临，第一座宫殿在此建起，第一部经书从此处流传……这片充满灵性的土地成为西藏灵魂的摇篮，孕育了传奇般的西藏文明。

通往山南的路上，风景渐由冷傲转为柔和，循着雅鲁藏布江大峡谷而出，就来到一片狭长而静美的地带。这里是喜马拉雅山东段南麓，山高谷深，交通隔绝，像个世外桃源隐藏在莽莽雪域之间。它的名字叫门隅，毗邻不丹和印度，是西藏重要的边境地区之一。

每个早春，门隅所有的草地和山坡都会铺满绚丽的杜鹃，它们穿着不同颜色的盛装，成群结队，以千百种婀娜的姿态庆祝绽放的节日。三月的门隅，风中处处是花的淡香，甚至风也是杜鹃色的——一种由不同程度的红、粉、白融合而成的明媚色彩。据说，这里是世界上最大的杜鹃花林，花儿们于无声中显示着温柔与壮美的结合，一片接连一片，十里绵延，尽头或许是云与雪山，或许是高原含情的落日。

在西藏人民眼中，门隅是一处名副其实的"隐秘胜地"。在藏文中，"门"意指地势低凹、山谷狭窄，被浓密的原始森林覆盖之地。从波拉山口进入门隅时，海拔高度会突然下降两千多米。前一小时还被飞扬的雪花包围，后一小时便真的堕入五里雾中，被湿润的气息萦绕，先前凝静肃穆的心绪也怡然舒展开来。此时，你一定要做好迎接原始茂林和飞泉流瀑的准备，它们将随时颠覆你心中的西藏印象。你会看到温泉氤氲、水草丰美、鸟语花香的风光，而这不是诗意的江南，也不是迷人的瑞士，却是六世达赖喇嘛仓央嘉措的故乡，这片不染纤尘的乐园滋养了西藏历史上最浪漫的诗人。

关于仓央嘉措的民族归属，史学界一直没有定论，有人说是藏族，有人说是门巴族，倾向后者的占大多数。[1]这一争论缘于门隅原本就是藏族人与门巴族人的杂居地。"门巴"的意思正是"住在门隅的人"，门巴族风情更能彰显门隅的独特魅力。

和漫山杜鹃一样热情烂漫的古老民族有着淳朴的民风，他们生性爽朗，欢歌与畅饮是生活里不可或缺的组成部分。门巴族爱酒，既善酿又善饮，酒不仅是宴请的必备，也是清热解乏的饮品。无论是平日闲话家常，还是节庆嫁娶，人们必然围坐在一起，斟酒共饮，分享着生活的安宁喜乐。当酒酣兴浓之时，就会有人带头唱起歌来。奔放的萨玛酒歌与动人的加鲁情歌随着酒香流动四溢。美丽的山谷中，传出阵阵歌声，那翩翩舞姿像杜鹃花丛中的蝴蝶，令人沉醉如痴。他们用嘹亮的歌喉高唱：

高举玉觞吧满饮三杯，
放开音喉吧高唱酒歌；
心中的话儿尽兴地说，

---

[1] 西藏民族学院门巴族民间文学调查组根据赴藏调查所获资料，认为仓央嘉措是门巴族。见于乐闻：《门巴族民间文学概况》，载《西藏民族学院学报》1980年第1期。

> 欢乐的歌儿尽情地唱。
> 良辰美景啊何时能再来？
> 亲朋好友啊何时再相聚？
> 愿今日相聚永不分离，
> 愿明年今日重逢此地。

门巴族人多信仰藏传佛教宁玛派（因教徒戴红色僧帽而俗称红教），这与宁玛派在一定程度上保留了西藏原始宗教苯教的成分有关。古老的门巴族最初信仰万物有灵，宁玛派教义最接近这种自然崇拜，易于为崇尚自由、尊重爱情的门巴人所接受。而藏传佛教格鲁派（因教徒戴黄色僧帽而俗称黄教）主张严持戒律，禁止僧侣过娶妻生子等普通的世俗生活。所以即使到了17世纪中叶，格鲁派取得整个西藏的宗教统领地位时，它仍旧没有得到门巴族的欢迎。

爱情最适合生长在灵性自由的土地上，门隅自古就不乏美妙动人的爱情传说。在裹挟着花草香味与泥土气息的风中，这些故事更加令人向往。而每到一处，风又卷起一对对年轻情侣的甜蜜私语吹向更远的地方，没有什么能够阻挡它的去向。

三百多年前，在门隅地区的派嘎村有一对相亲相爱的年轻人。男人名叫扎西丹增，敦厚质朴，女人名叫次旺拉姆，文雅大方。扎西丹增祖上本是宁玛派名门，但到了他这一辈已沦为贫苦百姓；而次旺拉姆算得上是大家闺秀，据说她的家族是松赞干布的后人，源于遥远年代里一支失散的后裔——他们因相貌不吉而被放逐到门隅。扎西丹增与次旺拉姆没有门当户对的观念，从相爱的那一天起，就没有想过分离。

有时，命运似乎一定要制造些阻碍和磨砺，才能反证人性的美好与可贵。扎西丹增同他的心上人私定终身时，遭遇了双方亲人的一致刁难。据说他们唯利是图，不择手段地占有了这对情侣本就微薄的资产和房屋，很可能他们并不看好这对年轻人以不对等的家庭背景而结合。总之，经过一番争执，两人带着仅剩的一点财产弃家远走，对爱与自由的向往让他们义无反顾，只要有心爱的人在身畔，流浪到天涯也是归宿。

第一章　故园梦

　　这不是漫山杜鹃的时节，他们在空旷的风中行走数日，可这短短几日在他们看来是何等漫长。待与家人决绝的情绪消散之后，乡亲的宽慰、朋友的送别便一幕幕浮现于脑海。生于斯长于斯的故土就这样被他们远远抛在背后，这是一条没有归程的路，谁都不清楚在前方等待他们的是何种际遇。好在，他们不是孤独的，茫然中两人再次感受到彼此的重要。

　　这一天，一片开阔平坦的土地铺展在眼前。周围有羊群悠闲地吃草，不远处的房子上飘起缕缕炊烟，这该是个比较富庶的地方。一路的疲惫与迷惘，早已让两人心里产生安宁栖居的渴望。在一座寺庙附近，他们寻到一间陋室，虽然四壁萧然，却足以遮挡风霜雨雪。扎西丹增拾了几块牛粪和干柴，次旺拉姆在屋里支起铜锅煮茶。夜幕已经降下，村里亮起稀疏而昏黄的灯火，满身风尘的流浪者靠在一起，吃上了他们在这里的第一餐。

　　不久之后，他们得知这个村子叫乌坚林。他们将在这里完成简单安静却非常虔诚的婚礼，携手共同创造此后漫长的新生活。从这里开始，我们的主人公仓央嘉措的所有故事便徐徐展开了。

　　新婚夫妇迎来了他们在乌坚林的第一个春天。杨树开始抽芽，迎着阳光舒展嫩绿的手掌，杜鹃的韵致塞满了花苞，等着一阵风把它吹开。日子逐渐被勤劳的丈夫和贤惠的妻子打理得有声有色，他们热爱这里的天空与草地，树林与湖水，对爱情的执着终于落脚到一方家园的持守。

　　不再担心亲人的逼迫，不再忧愁往日的无奈，近处不羡慕富贵人家的奢华，远处不关心布达拉宫漫长的重建。即使那座神圣的宫殿牵连着他们的信仰，他们也并不觉得那里与自己有什么必然联系。远在山南，他们既不用受工地的劳役之苦，也不奢望亲眼朝拜恢宏的圣殿。就连伟大的五世达赖喇嘛，也是心中一个慈祥却遥远的佛，关于佛的日常，他们一无所知。

　　在藏历第十一饶迥阴水猪年三月一日，也就是公历1683年3月28日这一天，乌坚林寺附近简陋的房子里，扎西丹增带着幸福的笑容忙个不停，他和次旺拉姆终于有了一个可爱的儿子。

　　在后来第巴·桑结嘉措所著的《金穗传》中，这天被记载得异常奇幻。据说这个小婴儿刚来到人世的那一刻，大地忽然撼动，雷声轰鸣，空中散落纷纷花雨，被滋润的花蕾即刻绽放，树枝即刻抽芽，天上同时升起七轮红日，在一道彩虹的笼罩中，扎西丹增的小屋竟然熠熠生辉。

在史料中，这一系列异常的天象似乎预示着降临者的不凡。很多涉及伟大人物的古典作品中常有此类诞生征兆的描写，其中必然有几许神化和寄托。不过，信神如神在，以藏传佛教为终生信仰的人们格外敬畏自然，他们深信万物有灵，山峦云朵、河湖草木无不蕴含了神的意志。

这个新生儿将有怎样传奇的一生，人们并不知晓，但很快有人指出了他的前世。

13世纪末，莲花生大师五部神奇的"伏藏"文献被发掘出来，其中的《鬼神篇》预言：

骄慢所生战乱日，心生厌离皈佛法。莲花大师幻化身，有缘生于水界癸亥年，教主乌金岭巴将临世。

也就是说，藏历水猪年在乌坚林出生的孩子乃是莲花生大师转世。

莲花生大师，这位印度高僧在8世纪下半叶来到中国西藏（当时称吐蕃），一路降妖伏魔。山南是他在吐蕃第一个落脚的地方，他正是由此开始了伟大的弘法事业。当时正值吐蕃赞普赤松德赞大兴佛法，在莲花生大师的帮助下，赤松德赞修建了吐蕃第一座"佛、法、僧"三宝俱全的桑耶寺。此后，莲花生大师一路向南，翻越几座大山，来到了门隅。据说，门隅一带至今还留有许多莲花生大师传教的遗迹。门巴人将他奉为宁玛派开山始祖，作为主神供奉在门隅寺庙中。

不过，再多的传奇色彩都比不上刚刚当上父母的喜悦。看着孩子稚嫩的肌肤和清澈的眼睛，两人的心里充满了希望与感激。

藏族百姓有这样一个习俗，孩子出生三日后，家人将为他举办简单的命名仪式。扎西丹增在儿子的命名仪式上为他取名阿旺诺布。阿旺，藏语中意为语自在；诺布，是宝贝之意。几年后，在一位喇嘛的建议下，阿旺诺布改名为阿旺嘉措。嘉措，意为海洋。取名时，藏族百姓非常重视喇嘛的意见，大概是因为他们认为喇嘛能够为孩子传递神的福祉。很多喇嘛还愿意将自己的名字赐给婴儿，所以在西藏有很多同名的人。

作为钟灵毓秀的宝地，门隅地区积聚着丰饶的物产，拥有如画的风景，在这里，人与万物一同生长，自然的纯净与野性都化作动人的气质为门隅人所独有。在雪白的云朵下，如茵的草地上，清澈的河水边，阿旺嘉措和伙伴们无忧地追逐嬉戏。他熟悉泥土的芳香，理解野花的微笑，倾听鸟儿的歌唱，山林草泽的每一个角落都是他无尽的乐园。

宁静的夜晚，阿旺嘉措就依偎在阿妈的怀里，有时听阿爸在一旁讲着遥远的传奇故事，有时听阿妈唱起悠扬清亮的民歌。在一家人身旁，炉火静静地燃烧着，星斗漫天，烟雾缥缈，好像有神佛在静默中注视着人间。

童年是一个人认识世界的起点，孩子的意识最初是一张白纸，其童年几乎可以决定纸上图像的轮廓和主色。阿旺嘉措幸运地出生在这片土地上，这里将赋予他灵敏的资质与自由的灵魂，他将心怀美善与纯净走向人生的远处。而门隅将珍藏他一生最好的时光，也是再也无法追回的时光。

与诗相遇的日子

这世上有多少无法阐释的奥秘,就有多少笃定纯净的信仰。所以,许多人相信心灵的修行与财富和名誉无关。那些自以为高明优越而汲汲图功的人,往往最先抛弃了灵魂。而在世间的微尘深处,常常藏着通往奥妙的幽径。

在西藏,常有这样的故事流传:一个目不识丁的放牛娃,得了一场大病,险些被夺去性命,却在某天突然痊愈,而且张口诵出万言史诗。他们的出众才华似无师自通,如天赐神授般令人瞠目,他们带来的作品就像气势磅礴的《格萨尔王》。

这不是一种创造,而是对"伏藏"的发掘。

相传,在遥远的吐蕃时期,莲花生大师、赤松德赞等人曾预见后世人心动荡,劫难将至,而劫后的幸存者必然更需要佛法的引导。因此,他们先后将密乘经典法门,连同佛像和法器埋藏于山岩土石之间,留待后人开启传播,这便是伏藏。

伏藏埋藏的地点不仅限于岩洞、瀑流、山谷,有时也会存在于人的灵魂、意念之中。像那些无形的伏藏被发现时一样,很多怪异之事起初常常不为世人理解,可真相总有明朗的一天。

据说,阿旺嘉措一开始说话就讲道:"我是三界的怙主,殊胜尊者阿旺罗桑嘉措。我从拉萨布达拉宫来,要尽快回去了,久已将第巴和众僧抛弃,也该去见见了。"

阿旺罗桑嘉措是谁？扎西丹增心里一惊。这不正是布达拉宫里伟大的五世达赖喇嘛吗？可尊者仍然健在，孩子的胡话是不能轻信的。但扎西丹增联想到传说中的种种异象，一团不可捉摸的疑云笼上心头。

阿旺嘉措三岁那年，正在院中玩耍时，看到不远处两位头戴黄色竹笠、身穿阔袖长衣的僧人向自己家走来。他像看到熟人一般，起身飞跑过去。

原来，这两人不久前来门隅朝圣，到过扎西丹增家中借宿，一个叫曲吉，一个叫多巴。那时，阿旺嘉措对陌生人的一切都感到好奇，看到他们对自己善意地微笑，便大胆走近，还一把抓来曲吉从皮口袋里掏出的转经筒。他还从没见过那种镶着宝石的转经筒，摇在手中金光闪闪。还有那叮当的铜铃，光亮的佛珠，陌生人的皮口袋好像个百宝囊，每一件东西都让阿旺嘉措爱不释手。

阿妈生怕儿子碰坏了客人的贵重器物，但两个僧人都满面笑容，说这孩子聪慧可爱，与佛有缘。两天的盛情招待后，他们动身离去。阿旺嘉措倚在门口，看他们的红色衣服在风中渐行渐远，心里想着多巴对他说的话：如果有缘，以后我们还会来看你的。

果然，他们回来了，而且似乎是专程来看望阿旺嘉措的。两人对孩子的近况关切地询问一番，便向扎西丹增和次旺拉姆提议，阿旺嘉措颇有慧根，应该为他提供入寺学习的机会，建议他们搬到错那宗。在那里，波拉山口著名的巴桑寺会招收儿童学经。

在有着普遍宗教信仰的西藏，当时的寺院兼具宗教功能和教育功能。高僧几乎都是学识渊博的知识分子，丰富悠久的西藏文明正是通过他们代代传承。除了贵族阶层特有的官学和私塾，寻常百姓若想读书识字，入寺为僧便是唯一方式。淳朴的父母自然希望阿旺嘉措成为有才学之人，不可因自己的浅陋误了璞玉的雕琢，两位僧人的谈吐和气度也让他们格外信任。

于是，这一年，阿旺嘉措一家收拾起所有家当，告别了乌坚林，前往美丽的错那宗。乌坚林寺旁那间旧房子又恢复了几年前的空荡，那扇窗子仿佛是一只默默注视的眼睛，映着主人一家远去的背影，这些很可能永远不会再见的背影。可三岁的阿旺嘉措还不懂得什么是离别，什么是感伤，他坐在牛背上兴奋地四下张望,好像在进行一次愉快的旅行。清风吹拂着他稚嫩的小脸,他转过头对阿爸阿妈露出天真的微笑。

"错那"在藏语中意为湖的前面,"宗"就是旧时西藏的宗政府,相当于今天的县。错那宗就坐落在拿日雍错湖的前方。碧蓝的湖水中雪峰倒映,俯仰之间,让人分不清天地。茂林青山在这片辽阔的大地上连绵起伏。巴桑寺依山而立,暗红色庙宇错落有致,在阳光的照耀下显得庄严而温暖。

在两位僧人的照料下,扎西丹增和次旺拉姆的这一次迁居比较顺利。曲吉和多巴帮助他们在错那宗安置下来,并时常来看望阿旺嘉措,随着交往增多,渐渐成了他们信赖的朋友。曲吉和多巴以回报当年留宿两口的名义,常常为扎西丹增家带去丰足的食物和贵重的器物,为避免被拒绝,便说是遵照佛的旨意。敦厚善良的夫妇也不好过多推辞。

三年后,六岁的阿旺嘉措与一群同龄的孩子一起来到了心仪已久的巴桑寺。初到寺中,正逢巴桑寺收到一批来自拉萨的供佛之礼。大批祜佑神像被敬置于寺庙中,还有专门的净水供奉于前。阿旺嘉措常常在这些金装彩绘的菩萨面前静静仰望,他还没有系统地学过佛法,只是出于好奇的天性和一些单纯的念想站在这里,菩萨们从不说话,却足以让孩子感到安宁。

同时,巴桑寺内孩子们的日常饮食中定期增添了很多制作精细的糌粑,阿旺嘉措不得不承认阿妈也做不出这般香甜的味道,这或许可以抵消一些想家的苦闷。只有几位高僧明白,这糌粑是专门按照供奉布达拉宫的标准制作的,来自拉萨的丰厚供佛之礼也是第巴·桑结嘉措的安排。第巴,也就是西藏地区的行政官。但为何一个偏远的寺庙会蒙受桑结嘉措的诸多赏赐,他们也说不清楚。

阿旺嘉措在巴桑寺的正式启蒙从学习藏文字母开始。西藏有三大方言区,发音特点各有不同,但通用的藏族文字可以相互传递信息、传播文化。负责给阿旺嘉措上第一堂课的人正是他们家的老朋友曲吉。鉴于初学者入门相对困难,曲吉计划用十天时间教授藏文字母的读写。但阿旺嘉措第一堂课就给老师带来了意外的惊喜,仅一天,他就能熟练掌握藏文字母,并能举一反三,联想

第一章 故园梦

到字母组合成字的可能。反而是曲吉在六岁的孩子面前愣住了，继而感叹阿旺嘉措天资非凡，本来后面的功课安排得很紧张，忽而就轻松了许多。

阿旺嘉措学业日进，两年之后便踏上正式学习佛法的道路。这时，他的身边来了六位师尊，看着他们眼角堆起的细纹，听闻他们文雅的谈吐，阿旺嘉措猜测他们必定都是得道高僧，可以满足自己更多的求知欲望。

不过阿旺嘉措很快失望了，他要面对的不再是文字组合和算数常识等有趣的知识，许多经文论著严密有序地涌入八岁孩子的日常，一卷接着一卷，似乎没有尽头。

莲花生大师的伏藏之作《五部遗教》是宁玛派的必学经典。它记录着莲花生大师在西藏降妖伏魔、利导众生的弘法事迹，并囊括吐蕃时期典章制度、风土民俗，共包括《鬼神篇》《国王篇》《后妃篇》《佛徒篇》《大臣篇》五部，故名之。阿旺嘉措所学并不局限于宁玛派典籍，也有五世达赖喇嘛所著的《菩提道次第论讲义》，这是对格鲁派始祖宗喀巴的根本典籍《菩提道次第论》的修行阐释。

对医药历算方面的研学也渐渐加深，阿旺嘉措要学习一部篇幅最大的藏文历书《白琉璃》。这是几年前，为统一西藏南北地区的历算，第巴·桑结嘉措集聚众多历算学家撰写而成的，如今已是编制历书的主要依据。

像这样要读的经典还有很多，如仁蚌巴著的《诗镜注释》《除垢经》《释迦百行传》，阿底峡的《旅途纪事》等。阿旺嘉措绞尽脑汁还是不能完全读懂，他开始想念阿爸阿妈的拥抱，想念山清水秀的故乡，眼前的经卷像一道高墙，把他脑海中所有的美好都阻隔在外。

世人常对清寂肃穆的庙宇心怀虔诚的敬畏，但除却看破红尘，主动寻求灵魂皈依之人，谁又能长久持守在青灯古佛之下？泛黄的经文，静默的神像，日复一日的单调定会让成人望而却步，何况一个童稚未脱的孩子。

这段枯燥的日子里，唯一给阿旺嘉措带来快乐的两部经书分别叫作《诗镜》和《诗镜注释》。翻开《诗镜》的那一刻，阿旺嘉措眼睛一亮，开篇的两行字倏然映入心上：

如果词语之光/不去照亮轮回的世界，
那么这全部的三世之间/必将沉沦于无边的黑暗。

《诗镜》是一部古印度梵文著作，作者檀丁是古印度著名的宫廷诗人。檀丁在书中讨论文体、讲述修辞和写作知识，涉及诗歌、散文、散韵合体三者，诗为重点。几个世纪前，藏族学者将这部文艺论著引入高原。通过不断地翻译和改写，它独特的审美气质融合于西藏风物，像一朵清丽的格桑，积聚着西藏的独特韵味。如今的《诗镜》是西藏公认的文学修辞与美学理论著作。

平日经卷翻阅无数，晦涩枯燥，忽然出现一本灵动曼妙的诗歌读本，阿旺嘉措欣喜又疑惑地问道："师尊，怎么要学这本书？佛法中还教人学诗吗？"

"是啊，只有掌握了语言的艺术，才能更好地向众生传达佛法真谛。"

佛学中有"五明"之学——声明、工巧明、医方明、因明和内明，分别可以理解为语言学、技艺学、医学、逻辑学和佛学典籍。语言是一切交流最基本的方式，孔子也说过："不学诗，无以言。"读了那么多似懂非懂的佛学典籍，阿旺嘉措蓦然发现，原来佛法并不是高高在上遥不可及的，它的意义在于流传，它乘着语言的翅膀滑向人间各处，非但不神秘，而且是那么贴近心灵。

一日，阿旺嘉措读到书中《妙音欢歌》一章，有一首诗如画般呈现在他眼前：

草原披上了碧玉般的飘带，
晶莹的泉水在翻腾跳跃，
天空响起了隐隐的雷声，
年轻的孔雀悠扬起舞。

久居巴桑寺，阿旺嘉措活泼敏锐的天性似乎被隔离于阳光雨露，变得沉寂而干枯，直到遇见这首清新美妙的小诗。一本囊括六百多首诗歌的《诗镜》犹如一把钥匙，开启了尘封的大门，自由的清风阵阵吹来，穿过一行行短短的句子，阿旺嘉措看到了阿爸阿妈的身影，他分明感到扑鼻而来的泥土气息，那淙淙的泉声就在耳畔作响。多久没有躺在草地上看天边的云朵了，在这一天，曾经的生活记忆忽而全部浮现。

阿旺嘉措完全能够读懂这些诗，它们甚至替他表达出曾经朦胧的感触。他还发现，诗歌能剔除一个人过于神圣高妙的光环，还原人真实的内心世界，不论他的地位多么高贵，都能在诗中写出真实可亲的情感体验，与众人不再有距离之感。此外，阿旺嘉措还在书中惊讶地发现了很多高僧的名字，他们在其他经书中讲得玄奥神秘，却在《诗镜》中把诗歌讲得生动浪漫，妙不可言。比如：

身在洁白莲花的蕊心，妙音天女妩媚夺人魂；
弹奏多弦吉祥悠扬曲，向您致敬如意心头春。

这是五世达赖喇嘛罗桑嘉措赞美妙音天女的妙音欢歌。这种诗体共四句，每句九个音节，读起来朗朗上口，韵律悠扬，阿旺嘉措觉得这种诗歌形式最具美感，更适合抒情说理。他在心中反复背诵这种体例的诗歌佳作，憧憬着有一天能书写自己的诗句。

妙音天女为何方神圣？就像古希腊神话中的缪斯女神，妙音天女乃是佛教中智慧与文艺之神。传说，梵天沉醉于清风吹拂南海时发出的乐音，从这种雅正悦耳的声音中就幻化出美丽聪慧的妙音天女。阿旺嘉措在殿中见过妙音天女的唐卡，她雪肤玉面，绸裙翩翩，青丝成髻，配饰庄严，端然盘坐于莲花之上，左手轻托凤头琴，右指轻捻琴弦，让人凝视画像时如闻妙音仙乐，绕梁不绝。

她虽貌如芳龄少女，却是女神中最具梵行的一位。《金光明最胜王经》中说：她有广大的智慧，能满足一切众生的愿求，能赐予众生智慧及无碍辩才。若谁对文字句义有所忘失，经妙音天女加持可令其全部忆持不忘。艺术家、文学家、音乐家，只要修持此法门，无不获得莫大帮助。

有一瞬间，阿旺嘉措忘却了脑海中的诸神，唯独看见妙音天女周身彩绸飘荡，弹一曲仙乐缓缓而来，她仿佛在用微笑传递某种隐秘而神奇的福祉。

生活在不经意间换了一种色彩。每当夕阳落山，阿旺嘉措就放下书卷，坐在门前看余晖斜照在寺庙勾起的檐角上，铺洒在一排转经筒上，光芒闪烁。即使依然身在巴桑寺，孩子的心却已经飞向山下的家，飞向远处辽阔的草原和静静的湖水，飞向乌坚林的杨树与垂柳，每一阵风、每一声鸟啼都被视作灵性的讯息。阿旺嘉措在诗歌中重新发现了世界，也在世界中重新领悟着生命的秘密。

《诗镜》已经被阿旺嘉措研读过许多次，他甚至痴迷于每一句阐释，每一个注解。懵懂初开的孩子开始暗自在心里吟诵自己的诗歌，只是暂时没能把零散的词句与思绪浑然融合。但可以确定的是，诗歌正在以引导和陪伴的身份走进他的世界。如果说语言艺术的功能在于弘扬佛法，那么世间的佛法将是多么浩瀚无边。

爱的初颜足以永恒

时光如白驹过隙，忽然而已。几年过去，阿旺嘉措已经从刚入寺时那个稚嫩的孩子，长成面容俊朗、身材颀长的翩翩少年。这期间，青灯黄卷的乏味让他时常心生怠倦，好在他有一个伶俐聪敏的头脑，在几位高僧的指导下完成了一项又一项学习任务。十岁那年，阿旺嘉措撰写了《马头明王修行法》，依承佛典的体例，他写了五首颂赞马头明王的诗。其中一首写道：

马头明王大灌顶慈悲法力，
摧毁诸魔粉碎一切为害之敌。
红宝石般的赤色夜叉之体，
在劫末当中跳起雄壮的舞。

五首颂赞诗每一首都华丽多彩、蕴意丰富，阿旺嘉措能在这般年纪写就，足以让众僧惊叹。

这几年，他已经能够亲自主持隆重的供祭法事，成为巴桑寺里有名的年轻僧人。

作为同批学生中最出色的代表，阿旺嘉措被特许定期和第巴通信，汇报自己的学习成果。年轻的孩子没有多想，在他心中，第巴的地位自然高贵，但他只将第巴当作一位师长，一个尊敬的忘年交。寺院生活对他探寻佛学殿堂已经足够，对于寺院之外的现实世界，除了六岁以前自由快活的成长经历，阿旺嘉措所知道的太少太少。

这些年似乎过得很轻快，在未谙世事的少年心中，阳光和风雨都是温柔润和的。每日伴于神佛左右，他比其他孩子多了一份内敛平和。不过，在此期间也发生了一些令他彻夜难眠的事情——阿爸和阿妈相继病逝。

自从来到巴桑寺，他就很少有机会见到父母，更不要说回家待上几日了。虽然最初不习惯离家，但好在身边还有许多小伙伴一起游戏，一起生活，阿旺嘉措并不反感寺院幽静的氛围。

年幼的孩子还不懂得父母的爱。他看不到阿妈在家中因想念而落下的泪水，也听不到阿爸病重时挂念爱子的叹息。宁愿忍受分离之苦，父母也不愿去阻挡阿旺嘉措成长的道路。他们愿意让他接触更开阔的世界，汲取更多营养，这毕竟是他们无法给予的。

阿旺嘉措八岁那年，上师曲吉给他上课时被门外人打断，几句低语后，曲吉神色凝重，立刻带阿旺嘉措回家。那座房子有点陌生，又渐渐熟悉，阿旺嘉措看见阿爸一动不动躺在那里，双眼紧闭，好像没有听见儿子的归来。阿妈红肿着眼睛，把儿子紧紧抱在怀里。阿旺嘉措一瞬间有种想哭的冲动，明白了眼前的一切，他要第一次承受死亡的哀痛。

后来，每次坐在寺院里回想往事，他都后悔没有留下来陪伴阿妈。等阿爸的后事料理完，阿旺嘉措便跟着曲吉上师再次离家。身后，阿妈向他们无力而勉强地挥动手臂，一阵风吹过，她曾经美丽的发髻在风中零乱暗淡。阿旺嘉措这次走得很难过，却说不出为什么。风中的阿妈一直定格在他的脑海中，挥之不去。

几年后，又传来阿妈病逝的消息，那天夜里，阿旺嘉措再一次失眠了。

如果可以，他想穿过斑驳的时光，回到那时，紧紧抱住风中憔悴的阿妈。她还没有收到一封儿子的亲笔信，没有好好看看他俊秀的年轻脸庞。劳累和孤独带她去找阿爸了，只留下阿旺嘉措一人孤零零地生活在寂静的佛堂里。年幼时，一家人在大地上的欢笑和那座房子里飘出的炊烟，都恍如隔世，仿佛河面上闪烁不定的波光，那么不真切。两次面对至亲的死别，阿旺嘉措认识了无常的模样。

从此以后，阿旺嘉措再不必关心归家的日期。没有亲人的房子还是家吗？巴桑寺可以为家吗？那些日子，风沉默了，鸟沉默了，孤独的少年更加孤独，他在心里暗藏了一处迢遥而忧伤的远方。

登上巴桑寺的楼台眺望，苯日神山巍峨伫立在远方。师尊对阿旺嘉措说过，在这座神山上生长着一棵伟岸的神树，云雾拦腰，缥缈如幻。许许多多的信徒跋涉千里前来朝拜神山，在神树下许愿。于是，各式各样的经幡在树枝上飘舞摇荡，神话般动人。

这神山与神树的光芒，乘着一缕东风，来到阿旺嘉措十四岁的春天。少年的脸上已不再有过多哀伤，他常常静立在楼台，对着神山的方向祈祷，目光里流动着执着的憧憬，纯净的沉醉。

十四岁，阿旺嘉措正在为爱情祈祷。

门隅的孩子，大地的孩子，他遇见爱情是迟早的事。

这年早春，错那宗万物复苏。寺院里的古树抽芽泛绿，鸟儿的唱诗班再次活跃在晨光熹微处。在明朗的天空下，阿旺嘉措日复一日诵经、冥想，可他总是被院墙外传来的情歌所干扰。按说，情歌也像春草一样，年年自发，生机勃勃，但阿旺嘉措只在这一年，才开始意识到它们的存在。情歌的嘹亮和奔放，他并不能完全理解，每当神思被歌声吸引，他心中难免会生出些许对佛祖的惭愧，但不得不说，这悦耳的情歌比寂寥的经文有趣得多。

这些生了羽翼的情歌先抓住阿旺嘉措的耳朵，继而迷惑着他的双脚。年幼时，对他与外界的接触，师尊总是管得很严格，大概是为了让他打好静心向佛的基础。如今，阿旺嘉措的父母都离他而去，久居寺院，他与烟火尘世的联系已经所剩无几，随着他年龄的增长和学业的渐进，师尊收回了往日的严苛。现在，他可以利用空闲时间到巴桑寺外的空间自由走动。

当阿旺嘉措忆起亲人，追念不复的时光而怅望时，当他为无法将经历的人生与佛法结合一处而苦恼时，便放下经卷，走向山下的街巷。街边坐着弹唱艺人，歌声清亮，弦中心意难平，衣衫褴褛，却不失尊严。集市上行走的男男女女，为各自的生计奔波，虽然辛苦而平凡，却流露着真实的生气，那是只有尘世才具备的清新之气，让人觉得生活是一场流动的盛宴，一场有情有义的阅历。人的一生，究竟是该尽情潇洒游历红尘，还是该以出世之心向往永恒的超脱？这个问题萦绕在他心头，很久没有答案。

直到他遇见那位姑娘。

那是在一片青翠的树林间。巴桑寺附近的山林河湖常常让阿旺嘉措想起最初的童年记忆，想起乌坚林芬芳清丽的土地。

那一天，满怀心事的少年倚在树下，似乎在思考着未知的未来。忽而，一串清脆的铃声从身后传来，打断了阿旺嘉措的遐想。寻着声音回头望去，只见一位白衣少女握着一束野花，迈着轻盈的步子向这边走来。她的一举一动都自然而美好，好像一位山林精灵，又像唐卡上的翩翩仙女。阿旺嘉措就那么静静地看着，刚才的思绪一瞬间都飞散而去，只剩下眼前这幅画面，让他内心荡起层层縠纹。

白衣少女正朝阿旺嘉措走来，眼见"仙女"走近，阿旺嘉措才意识到自己的注视是多么无礼，进而不知所措起来。他还从未和同龄的少女这样近距离接触过，只害羞地朝对方笑了笑。

倒是活泼的姑娘先开了口："你在笑什么呢？"银铃般的声音，像在取笑阿旺嘉措的拘谨，又像在和他友好地打招呼。

阿旺嘉措反而像个腼腆的姑娘，陡然涨红了脸。面对这个开朗动人的姑娘，他能做的只有呆呆地望着，心里却像揣了只四处乱撞的小兔，师尊教给他的念经打坐的定力全都失效了，莫名的悸动搅乱了他的思绪。"我……见你生得美丽，像……像仙子。"阿旺嘉措支支吾吾，掩不住心中的悸动。

姑娘听了，咯咯笑着，似乎也有点难为情，忽然不说话，低头抚弄着手里的花草。

那天的天空蓝湛湛的，云朵忽远忽近，地上的人儿变成鲜丽的花朵，闪亮的露珠在草叶上露出青春的微笑。

阿旺嘉措心中记下了一个美丽的名字——仁增旺姆。

19世纪的法国作家巴尔扎克写过一篇小说，讲的是一个修女去到巴黎都市的故事。小说中，一个名叫让娜的年轻修女被修道院院长派去巴黎办事。一到巴黎，让娜就被五光十色的繁华震惊了：她看到珠宝的光芒在橱窗里流动闪耀，优雅的女子在华美服饰的衬托下显得高贵无比，听到了男人对女人奇妙醉人的甜蜜絮语。这一切无不让她心旌摇曳。不巧，天生丽质的让娜在一棵梧桐树下被人强吻了。正是生命中这第一个吻夺走了她沉静如水的心。她再也没有回到修道院，而成了一位迷人的巴黎女郎，她身上的钱财很快散尽，沦落到大街上，成了风尘女子。

小说中的故事结束了，可现实的奇遇才刚刚开始。小说发表后，一位修道院院长偶然看到，他惊讶而恼怒地发现小说使用了他的修道院的名字，并且他们院内恰好有一位名叫让娜的年轻修女。一气之下，院长叫让娜看了巴尔扎克对她和修道院的羞辱，并派她去找作家讨个说法。

满心委屈的让娜来到巴尔扎克面前。巴尔扎克却不承认自己损害了修女的名誉，可怜的修女没法向院长交代，不知该如何是好。

作家却理直气壮地说道："我不是已经把事情写得一清二楚了吗？"

修女不得其解："难道要我留在巴黎，堕落到大街上？"

作家解释道："我的意思是只要您脱掉这件肥大的黑袍子，像您这般年轻娴雅的人，应该体会什么叫快乐，什么叫爱情，要学会为美好的尘世而欢笑。这不是都写在书上了吗？快去吧，但是千万不要到大街上当神女！"

修女此行的目的就此化为泡影，她无法回到修道院，只好留在巴黎。据说，不久之后，有人在一所大学的小酒馆里见过她，周围是一群姑娘小伙，她在其中显得愉悦、幸福、美丽。

尘世并非意味着凡俗和堕落。无论把酒欢歌，还是霓虹闪烁，真性情之人都能在其中发现人生的喜悦。

与修女让娜的感受相似，阿旺嘉措一旦走入烟火人间，特别是遇见仁增旺姆之后，便分明感到每一棵树都敞开怀抱欢迎他，每一片水都温情脉脉地等待他。

门隅的情歌日日在耳际飘荡，那悠扬而热烈的歌声穿过树林，穿过墙院，在阿旺嘉措脑海中幻化成仁增旺姆的倩影。诵经的时候，她的微笑出现在慈面的佛像上；上课的时候，她的声音在字里行间回响。阿旺嘉措不再是此前那个孤独自伤的少年了，他做什么都好像热情满满，又似乎心不在焉，偶尔凝视着一处虚空，不觉间脸上挂起了痴痴的笑。

少年慢慢懂了，这就是爱情的感觉。

倘若阿旺嘉措是巴尔扎克笔下的修女，他一定会离开巴桑寺，与仁增旺姆携手在尘世中持守一方浪漫的土地，拥有最平凡的幸福。这种简单的人生，西藏的任何一个角落都不会吝啬给予。在很多宁静的夜晚，阿旺嘉措都会想起仁增旺姆的话：你是要一直在寺院里念经呢，还是回家娶个姑娘过日子？

对于宁玛派信徒来说，这不过是十字路口处的选择，不需要太多犹疑和勇气。他可以选择留在寺院，也可以回到俗世劳作、成家，而这丝毫不会影响他的修行。在家的宁玛派信徒相当于一般的佛教居士，他们与出家的僧人地位平等，同样要遵守严格的戒律。同时，又和普通人一样，他们从事农牧，娶妻成家，养儿育女，只有在宗教活动期间会换上红色或紫色的法衣，梳五十八根持密发辫，或戴上专门准备的假发辫，参加供佛诵经等活动。

面对世俗的纷扰与多变，居家的信徒需要从追求缥缈的彼岸世界尽量转向现实心灵的慰藉，于是就有了祈雨防雹、镇魔消灾、占卜吉凶等世俗化的宗教活动。虔诚的信仰落到人间，变成更多看得见的功用，这也是宁玛派在民间土壤中长久不衰的原因之一。

想起阿爸阿妈曾经持简而温馨的生活，阿旺嘉措心生向往。也许在不远的未来，他就会告别师尊，与仁增旺姆筑起一间属于自己的房子，在其中烧火煮茶，喂马对歌，坐看星月，相依相守。

每隔数日，年轻的情侣都按捺不住心中的想念，偷偷跑出来赴约。在阿旺嘉措眼中，情人顾盼的目光越来越动人，他笨拙腼腆的表达也让仁增旺姆越来越喜欢。那些日子，阿旺嘉措甚至觉得所有的神佛都懂得爱情，他们正用慈爱的目光俯视着情人和自己，风中所有的经幡都是佛的赐福。

年少时的爱情，单纯清澈。在人生伊始体验初见的美好，即使日后无果也会凝结为记忆中无法复刻的珍品。而日后往往无果,只是当时年少,无知无畏,以为眼前便是永恒。但正因清澈,所以唯美。

情人的暂别为爱情创造了更为广阔的发展空间。他们思念着,回忆着,畅想着,让独处的时光溢满绵长悠远的情愫。最饱满的感情往往要有所寄托,有所表达,所以人类才拥有无数闪光动人的诗歌。在一个月华如水的夜晚,阿旺嘉措在辗转反侧中产生了作诗的冲动。

高原的月亮在巍峨雪山的衬托下,格外纯净,像寄寓吉祥如意的哈达一般洁白,它高悬于夜空,将银色的光辉洒向宁静的山川。在西藏人心中,月亮温柔可亲,它驱散了白日的炎热与疲惫,宽容地为人们的夜间休息、娱乐照耀,在月亮下载歌载舞是高原生活的一大乐事。而面对皎月的初恋少年,情愫萌动,想起了恋人。

学经时最喜欢《诗镜》,那时他还没想过怎样成为诗人,尽管写过一些颂赞神佛的诗作,但宗教色彩很浓,浓得淹没了自己的心性和情感。而今灵感如溪水涓涓流出,阿旺嘉措已经抑制不住兴奋的欢喜。他要写出对仁增旺姆的思念与爱慕,他将把第一首抒写个人情感的作品献给心爱的少女。

夜里阒静无声,同伴们早已入梦。只有阿旺嘉措一人睡意全无,他在心中尝试着打起处女作的腹稿。开始总感觉词不达意,而且他发现,自己所设想的浪漫都被冗长散漫的句子分解了。这时,脑海中忽而响起白日里听到的情歌,阿旺嘉措觉得与仁增旺姆的感情就该用这种更加轻快明朗的形式承载,忽高忽低,韵律自然。

阿旺嘉措生怕写坏了,冒犯了爱人和情谊,在心中一遍一遍地修改着。终于觉得恰到好处,无须再改,他又生怕明早醒来就忘记了。更因为他心头涌动着创作初始的激动,他要尽快记录下自己的成果,见证诗歌到来的那一刻。

借着朦胧月色,他摸索着找到纸笔,怕燃灯惊醒同伴,就在黑暗里写下了第一首诗。那字有些歪斜,却分明记录了一个少年纯净的情思:

> 在那东山顶上，
> 升起了皎洁的月亮。
> 娇娘的脸庞，
> 浮现在我的心上。①

这是西藏独具特色的"谐体民歌"，"谐"即是短歌之意。一般为六音四句，每句三顿，韵律飞动，节奏协调，随情感起伏变幻。倘若配以歌舞，更是轻快流畅，情意绵长，令人陶醉。谐体民歌短小精悍，正像日本俳句和旧体绝句，若要写得意境悠远、浑然天成，却是不容易的。而阿旺嘉措在摸索阶段就对这种形式运用自如了——清新的句子，真切的情感，在他的笔下融合成一条溪水淙淙流出，宛若天籁之音。

阿旺嘉措刚刚一直在想用什么词来指代心爱的仁增旺姆。直接说出她的名字，恐怕过于冒昧；若用"少女""佳人"等词，又似乎传达不出她在自己心目中独特的形象和位置。思来想去，阿旺嘉措索性自创了一个合成词，这就是第三句中的"娇娘"，藏语为"玛吉阿妈"。"玛吉"相当于定语，意思是"未曾生的"；"阿妈"意为"母亲"。

在西藏百姓眼中，母亲是美丽的化身，他们有时将慈爱的母亲称作"美人中的美人"。例如在民间信仰中，赞宗盐湖既被视为母亲也被视作情人。他们相信世道轮回，生生不息。今生不过是千万人生之一，眼前的情人有可能就是自己曾经或未来的父母或儿女，爱护情人如同爱护母亲，反过来，像爱母亲一样爱护天下所有人，这便是"佛心"。由此，"一切众生皆为三世之母"，密宗大师米拉日巴的这句名言也就不难理解了。要知道，胸怀宽厚的西藏人，在金光闪闪的佛殿前从来不为自己祈祷，而是祈祷六道众生安康得福。

所以，在阿旺嘉措心中，"娇娘"一词蕴含了更广阔的宗教意义。虔诚的

---

① 庄晶整理翻译：《六世达赖喇嘛仓央嘉措情诗（藏汉文本）》，北京：中国藏学出版社，2010年版，第1页。根据藏学专家校正，"娇娘"应为"玛吉阿妈"，"娇娘"一词无法表达"玛吉阿妈"这个词的丰富内涵，故以保留音译为佳。

阿旺嘉措为爱情罩上了一层佛性的光辉，透过仁增旺姆的身影，他仰望到生命不可言说的美丽。

无论爱情抑或佛法，都可以成为信仰，引导人归向至纯至善的灵魂。只是，爱情通常是个人化的体验，佛法则是普世的关怀，但深有慧根的人能将两者融汇，相互照见，超越世俗的分野抵达悟之大境界。

夜色阑珊，沉浸在浪漫诗意中的少年终于安然入睡。月光普照，菩提空灵。

十四岁的天空下，一对年少的身影打打闹闹，懵懵懂懂，乐在其中却不知世事的无常。

多年以后，仁增旺姆依然记得与那个少年相遇的树林，记得他们一起许过愿的幽蓝湖水，一起路过的野花，一起仰望过的云朵。记得在鹦鹉踏落桃花的山谷，阿旺嘉措曾为她念诗：

启齿嫣然一笑，
把我的魂儿勾跑。
是否真心相爱，
请发下一个誓来。①

那个少年的清澈声音，像翩跹的彩蝶，只要在流年的路口回首，就会看到它们绚丽的影子姗姗飞来。

当青春老去，历尽世事，当人们再不能扇动梦的翅膀，依然可以在回忆里抽出初恋的诗意，化成嘴角抹不去的微笑。

---

① 庄晶整理翻译：《六世达赖喇嘛仓央嘉措情诗（藏汉文本）》，北京：中国藏学出版社，2010年版，第9页。

第二章
局 中 佛

还有你穿梭其间,做出等我的样子。
只有你知道:任何时候我都是凡人。
活佛不过是人们为自己挑选的安慰品。

——敬文东《盗版仓央嘉措》

水波不兴，暗流涌动

日光倾城。金亮的阳光铺满整片雪域，与苍穹相接。

云朵浮动，投下的影子流淌在布达拉宫蜿蜒迤逦的墙垛上。这座红山上的圣殿，作为信仰的载体，不仅坐落于世界最高处，也屹立在所有信徒的灵魂世界之巅。以静默代替威严，任上空风起云涌，脚下世代易主，它壮丽的仪容不减一分一毫。

在布达拉宫一个高高的窗口，有人目光炯炯，凝望着远处的南方。他正是第巴·桑结嘉措，五世达赖喇嘛手下的执事，地方贵族的首脑人物。在僻静的山南，一个名叫阿旺嘉措的孩子自幼就被他密切关注，如今这孩子已经长到十四岁。他或许不知，平日在汇报信中学业日进的少年正沉浸于年轻的萌动与甜蜜之中。而阿旺嘉措也不曾知晓，正是这位远在拉萨的第巴规划了他的童年生活，他更不明白这鲜为人知的规划究竟意味着什么。

高原的天空变幻多端，或舒或卷的云朵里时而暗藏骤雨的伏兵。刺眼的闪电，炸裂的雷声，倏忽间轰然而至，覆盖整座城池。穿过雨帘，久久伫立的桑结嘉措目光遥远，仿佛看到了西藏的过去和未来。

在15世纪初期，西藏的一群僧人开始追随一位学识渊博的得道上师。此人便是格鲁派创始者——宗喀巴，他号召门徒重视戒律，以匡正当时堕落的宗教之风。"格鲁"意即善规，严守戒律。短短几年间，格鲁派僧人遍布前藏，三大格鲁派主寺——甘丹寺、哲蚌寺、色拉寺于此时先后建立。15世纪中叶，一世达赖喇嘛——宗喀巴最小的弟子根敦朱巴在后藏建立了扎什伦布寺。

虽是藏传佛教各派中最后兴起的一支力量，但格鲁派后来居上，迅速占据了西藏宗教界的半壁江山，与宁玛派形成对立之势。从那时起，格鲁派就深陷政教斗争的风浪之中，每一代领袖不再只是讲经说法的博学高僧，更要成为精明的政治家。

二世达赖喇嘛根敦嘉措做了两件大事，一是建立了甘丹颇章宫，使之成为达赖喇嘛的驻锡之地；二是设立"第巴"一职来掌管整个格鲁派寺院的经济，一旦格鲁派掌握了西藏政权，第巴自然就是西藏最高的执政官了。

各方势力的嫉妒和排挤从未消减，而在根敦嘉措圆寂后，支持格鲁派的帕竹家族也面临着分崩离析的境遇。好在三世达赖喇嘛索南嘉措跨越了民族的界限，将格鲁派教法传播到蒙古地区，以佛陀的慈悲之心驯化了草原的粗犷野性。土默特部落首领俺答汗为首，部众纷纷虔诚地皈依于格鲁派门下，也成为格鲁派有力的外援。

"达赖喇嘛"这一尊号便是俺答汗所赠，全称为"圣识一切瓦齐尔达喇达赖喇嘛"，意指索南嘉措在显宗与密宗方面都修行到最高成就，是个超凡入圣、学识如大海般渊博的上师。索南嘉措也赠与俺答汗"咱克喇瓦尔第彻辰汗"的尊号，将他推崇为有能力一统江山的智慧汗王，足见政教联盟的深远用意。格鲁派势力由此再度扩展，索南嘉措甚至争取到了向明朝政府入贡的准许，这无疑是巩固格鲁派地位的良机。然而就在入京途中，索南嘉措不幸病逝。

俺答汗之孙被确认为转世灵童，名为云丹嘉措。本以为如此便能得到有力的庇护，但后藏地区新兴的藏巴政权阻碍着格鲁派的发展。四世达赖喇嘛云丹嘉措为禳除祸乱，与其他上师举行了一场密咒仪式，吁请神祇保佑格鲁派。此后不久，藏巴政权的首领藏巴汗就生了一场重病，只差一命呜呼，当听说自己是中了云丹嘉措的诅咒后，一怒之下派人前去刺杀。

云丹嘉措圆寂后，权倾西藏的藏巴汗还禁止格鲁派寻找转世灵童。幸而扎什伦布寺住持罗桑却吉坚赞医好了藏巴汗的顽疾，以此换得了寻找灵童的转机。在山南一个贵族世家，格鲁派高僧迎来了五世达赖喇嘛罗桑嘉措。

五世达赖喇嘛主持教务后，请来固始汗统率的蒙古和硕特部军队作为强援，一举击败了藏巴汗势力。请神容易送神难，事情并未结束。固始汗竟然借着自己的功绩，在拉萨建起了政权，并亲自任命藏族高级官员，包括最重要的职位——第巴，左右着格鲁派的势力。同时，固始汗赠给罗桑确吉坚赞"班禅博克多"的尊号，使"班禅"与"达赖"相互制约，一个统领以日喀则为中心的后藏，一个统领以拉萨为中心的前藏，以免权力过于集中而威胁自己。昔日盟友显然已是敌手。

罗桑嘉措审时度势，向在内地关外迅速壮大的清军势力抛出了橄榄枝。清朝建立后，五世达赖喇嘛应召入京朝觐顺治皇帝，并获得册封。从此，开启了清政府通过册封达赖喇嘛巩固其在西藏政治地位的历史。随即，清政府也册封了固始汗，承认他在西藏的军事、政治实权。格鲁派想谋求政治大权依然任重而道远，五世达赖喇嘛只好静待时机。

终于，固始汗的继承者达延汗于1668年病逝后，暂无继任者，汗位空了三年。恰巧这期间第巴也去世了，五世达赖喇嘛趁机以"暂代第巴"的名义接管了西藏政务，加紧制定法规，掌握了对第巴的任命权，巩固格鲁派的地位，真正实现了政教合一。而早在1645年，他就下令修缮布达拉宫，他要使这座日光下的圣殿成为格鲁派在西藏至高无上的权力象征。

两百余年，歧路丛生。格鲁派艰难前行的一幕幕在第巴·桑结嘉措脑海中依次闪现，特别是五世达赖喇嘛坚定威严的身影，让他感到肩上的责任不容懈怠。

从八岁起，桑结嘉措就跟随五世达赖喇嘛接受最好的教育，十几年积淀的学养远远高于同辈。五世达赖喇嘛早就推举他任第巴一职，但年轻的他一再辞却，唯恐自己经验不足，难以服众。

直到1679年，五世达赖喇嘛向拉萨三大寺发布公告，郑重推荐桑结嘉措出任第巴，称他"虔敬渊博，精明强干，无出其右"。布告写好后，五世达赖喇嘛用他生有吉祥轮纹的手掌蘸着金粉，在下面端端正正盖上一双手印，正是这双手印推举了西藏历史上最显赫的一位第巴。

远离政务的五世达赖喇嘛得以在寝宫里安心研学著书。走到人生的冬季，他终日倚在厚厚的羊毛垫上回想往事。他曾为格鲁派大小寺庙制定了严格的僧制：僧官任免、学经程序、寺内纪律、财政制度等组成了一套完备的典章，足以让后人持久沿袭。一千八百座寺院，十万僧众，都归于他的统领。历史、政治与宗教是他一生的关键词，他完成了《西藏王臣记》《菩提道次第论讲义》《相性新释》《五世达赖喇嘛自传》等三十余卷著作。他曲折而辉煌的活佛生涯也在最后的笔墨中消耗殆尽。

一个万物复苏的春日，久病卧床的五世达赖喇嘛召见了第巴·桑结嘉措，语重心长地向他叮嘱处理政务的注意事项。年迈的活佛缓缓说道："这些年，我把你留在身边培养，就是为了让你继承我所有的事业。我时日不多，有几件大事要靠你完成。第一，要完成布达拉宫的修建，不能停工；第二，蒙古人始终想插手我们的事务，眼下形势对我们有利，千万不可掉以轻心；第三，他们总是企图从转世灵童下手遏制我们，我当年就是个例子，我的转世也一定会受到阻挠。所以，不要让他过早卷入政治。"

几颗豆大的泪珠滚落，桑结嘉措重重地点头答应。

"你还年轻，为事要处处谨慎，否则祸患无穷啊……"五世达赖喇嘛声音越来越弱，缓缓闭上了双眼。

外面的建筑工地上传来差役激昂的歌声，不远处的大殿里传来法事的鼓钹声，它们混合着淹没了桑结嘉措的哭泣。

这是1682年，阿旺嘉措出生的前一年。

重任在肩，悲痛中的桑结嘉措只能打起精神来，周密有序地去实现五世达赖喇嘛的遗嘱。他命身边的几名亲信严守五世达赖喇嘛圆寂的真相，对外则称五世达赖喇嘛在闭关修行，不见外人，政教事务一并由自己代理。

为了打消僧众的疑虑，在一次隆重的法事上，精通言语文辞的桑结嘉措特地撰写了一篇祷文。祷文表面上祝愿五世达赖喇嘛长寿安康，实际上是虔诚地恳求观音菩萨快快转世为六世达赖喇嘛。这勉强算是对五世达赖喇嘛的祭奠。桑结嘉措暗自愧怍，老人把一生奉献给西藏，并将自己培养成才，如今为了争夺西藏军政权力，却不能为他办一场必要的葬礼。

他时刻注意着寺院和民间的动向，观察是否有人对此产生怀疑。一面谨慎维护格鲁派在西藏的优势局面，一面派亲信暗中寻找转世灵童。他像一根绷紧的琴弦，没有一刻能放松下来。眼下这片高原安宁平静，但只有几个人明白，第巴稍有疏漏，整个局面就会失控，灾祸将如暴风雨呼啸倾盆。

就过样，桑结嘉措带着这个秘密在风口浪尖上走到了第十四年。此前，上师曲吉和多巴在山南门隅秘密找到了转世灵童，他的名字正是阿旺嘉措。

一切仿佛一场赌博。骤雨之前，没人知道窗外积聚的乌云还能够撑多久。而转瞬间，拉萨河谷上空电闪雷鸣，一袭冷风扑面而来。

第巴乱了阵脚

刚来到五世达赖喇嘛身边学习佛法的时候，桑结嘉措遇到了一位来自蒙古的师兄，他是准噶尔部汗王巴图尔珲台吉的第六子噶尔丹。两人情同手足，但噶尔丹天性好斗，整日舞刀弄枪，热衷政事。1670年，在准噶尔部内乱之时，噶尔丹辞别师尊与师弟，返回部落，夺取了领导权，此后征战不断，扩张不止，让当上第巴的桑结嘉措认为师兄是座屹立不倒的靠山。

直至触犯到康熙皇帝的脚下，噶尔丹才算遭逢强手。败北之际，桑结嘉措便出面收拾残局，或冒五世达赖喇嘛之名为噶尔丹求情，实则是为他留出时间恢复兵力。欺君之罪，桑结嘉措不是不知，他只是担忧噶尔丹一旦失势，自己就失去了有力的外援，在匿丧的秘密公开之前，他不能有任何闪失。

然而，1696年的一场昭莫多战役几乎让准噶尔部全军覆没。清军不仅缴获了大量军备和牲畜，还从俘虏口中得到了一个惊人的信息——五世达赖喇嘛早在十五年前就已经圆寂。

这天，桑结嘉措正在专心撰写《格鲁派教法史——黄琉璃宝鉴》，忽听门外传来一阵慌张的脚步声，他的贴身仆从气喘吁吁跑进来报告："第巴，康熙皇帝的使者驾到，请您立刻接旨！"

"啪"的一声，竹笔从桑结嘉措手中掉落，他顾不得被墨水洇湿的稿纸，急忙整理衣冠。楼梯上已经响起一片杂沓的脚步声，厅外，恭迎清朝使者的呼声震荡着桑结嘉措怦怦的心跳。

带着康熙皇帝的威严气度，使者宣读圣谕：

朕崇道法而爱众生，所以，对诚心保护道法的人给予眷佑，对背地里毁坏道法的人给予罪责。你第巴原本不过是达赖喇嘛之下的执政官，当年看在你不违背达赖喇嘛指示、辅助道法的分上，朕才对你加封。现在看来，你表面打着宗喀巴之教的名号，实际上却与叛贼噶尔丹狼狈为奸，欺骗达赖喇嘛、班禅活佛，而败坏宗喀巴之教。

起初，你就隐瞒五世达赖喇嘛圆寂的消息，让朕以为他还一直活着，派济隆呼图克图前往噶尔丹在乌兰布通的营地，为噶尔丹诵经，选择交战日期，还打上罗盖在山上观战。贼军胜了就献哈达，败了就替他讲和，实则是为了贻误我军追赶，为噶尔丹争取逃遁的时间。朕为众生遣人往召班禅活佛，你却又诳骗班禅，说噶尔丹要杀害他，劝他不要来北京。青海博硕克图济农私下与噶尔丹联姻勾结，你又不向朕举发。如果不是你，博硕克图济农与噶尔丹两人会扯上联姻关系吗？噶尔丹一定是受了你的挑拨，才不遵从朕的旨意。

现在，我从很多降者那里听说，五世达赖喇嘛早在多年前就亡故了。达赖喇嘛可是大普惠喇嘛，本朝作为护法之主，与他交往六十多年了。他在的时候，边塞一直安宁无事。你不仅不把他去世的消息报奏于朕，还隐瞒这么久，甚至支持噶尔丹兴兵对抗朝廷，真是罪恶至极。你这番作为究竟是为了保护道法呢，还是为了牟取私利？

如果你还愿意真心悔过，依然想尊奉宗喀巴之教，那就遵从朕的旨意，派人把济隆呼图克图捕送给我，把青海博硕克图济农所娶的噶尔丹之女押送给我。若能做到这些，朕还会像从前那样给你优待。若有一件做不到，朕必将追究你欺瞒活佛圆寂、帮助反贼的罪行，发云南、四川、陕西之兵，像击溃噶尔丹那样讨伐你，或者派诸位王公大臣，或者朕亲自上阵。

朕劝你还是尽快奉旨办事，明年正月以前速来奏报，否则追悔莫及。为此，特派使者前来晓谕于你，并带去我军歼灭准噶尔部时缴获的器物：噶尔丹的佩刀一把，他的妃子阿奴的佛像一尊，佩符一枚，作为告捷之礼，送给你当作纪念。

第二章　局中佛

桑结嘉措只觉得额头渗出的汗珠就要滑落下来，衣服湿漉漉贴在身上，上方好像悬着一块岩石，随时都可能坠落击中他的头颅。两年前，他冒着五世达赖喇嘛的名义请康熙皇帝为自己赐封号的时候，也没有这般惶恐。那时，他派使者给皇帝进献了不少贡品，模仿五世达赖喇嘛的口吻陈述自己在西藏所任要职。五世达赖喇嘛曾经与顺治皇帝交情深厚，清朝自然不会亏待自己。桑结嘉措认为这是理所当然的。康熙慎重地封桑结嘉措一个"弘宣佛法王"的头衔，并赐予一枚金印，明白无误地指出，仅仅让他管理宗教事务，不让他干预政治事务。而现在他脑海中的大清皇帝却成了怒目金刚，紧紧盯着自己，桑结嘉措已无路可退，无处可逃。

匿丧并非桑结嘉措首创，五世达赖喇嘛自己就曾为了把持大权使过这一招。1658年，第一任第巴索朗饶丹去世，那时固始汗去世已经三年，而汗位始终空缺。为了争取第巴任命权，五世达赖喇嘛冒险封闭消息，借机扩大势力，制造舆论，万事俱备后，任命赤列嘉措——桑结嘉措的叔叔为第二任第巴。桑结嘉措就是在那时来到了五世达赖喇嘛的身边。五世达赖喇嘛只匿丧一年，又由自己全权掌握事态发展。可桑结嘉措却背负了十五年的沉重包袱，最终还被迫承认自己犯了大错，不过他终于不必再踩着薄冰度日了。

在西藏，还有一种为桑结嘉措开脱的说法，称桑结嘉措并不是完全向清朝隐瞒五世达赖喇嘛圆寂的消息的。当他对西藏内地宣称五世达赖喇嘛闭关修行的时候，派人暗中给康熙皇帝送了一串念珠和一只碎碗。桑结嘉措想以此向皇帝暗示五世达赖喇嘛已经离去，而西藏内部有分裂之险。大清皇帝毕竟是格鲁派的护法之主，无论出于对皇帝的尊敬，还是出于日后保全自己，都有必要让他及时了解真实情况。但世间最怕"误会"二字。康熙接到物件后，没有过多在意，那只碎碗被当作是颠簸路途中打碎的，反而大度地没做任何追究。

皇帝的谕旨就放在寝宫里，每日都注视着桑结嘉措，让他心神不宁。十五年的隐瞒究竟是为了什么？到头来要换得一场更猛烈的危机吗？他又想起五世达赖喇嘛，如慈父般培养自己不就是为了给西藏政教找一个靠得住的托付吗？而自己究竟能不能靠得住，他自己现在也有些茫然。桑结嘉措已经过了踌躇满志的年纪，人到中年，十几年的重负压抑着他的灵魂，严重的自我怀疑不断潜入他无法安宁的内心。布达拉宫终于在去年修建完工，算是完成了师尊的一个遗愿，可这并不能抵消匿丧造成的压力，那是对整个西藏、整个清朝撒下的巨大谎言。

该来的迟早都会来。时间已迈入下一年，康熙皇帝等待回奏的日期临近，桑结嘉措不敢再拖延，提笔给康熙回了一封密奏信：

众生不幸，五世达赖喇嘛已于水狗年即康熙二十一年示寂。当时想即刻报奏，但又恐西藏民众因此发生动乱，况且有五世达赖喇嘛的遗言和护法王的授记，言说"必定要等到适当的时间才能禀报清朝皇帝以及众施主"，所以迟迟未敢发丧。他的转生静体今年已经十五岁了，想安排在今年十月二十五日出定坐床，还请大皇帝暂时不要泄露这个消息！

至于班禅，是因为没有出过天花，所以不敢应召赴京。喇嘛济隆已经畏罪潜逃到康巴地区了，尚不知具体身藏何处，我已经没收了他在拉萨的资产，会竭力把他捕送至京，到时候还望您能够保全他作为一个受过佛戒之人的性命……

这封信虽然言简意赅，却倾尽了桑结嘉措的惶恐与谦卑。唯恐说不清引起更大的误会而再使皇帝动怒，他只字未提与噶尔丹之间的联系，却站在西藏政教大局的角度，字字诉苦，言辞委婉恳切，即使这是他的推卸之词，也难免让人生出几分恻隐之心。

1697年3月，这封信经过千里跋涉，交到康熙手中。见桑结嘉措措辞恭谨，而康熙对蒙藏之事早已心知肚明，刚征讨了噶尔丹，也不愿再度起兵，于是没有过多追责。

而此时，康熙正忙于对噶尔丹的最后一次征伐。噶尔丹统领的准噶尔，与杜尔伯特、土尔扈特、和硕特一起统称为厄鲁特，是当时中国西部广阔草原上的四大蒙古部族。如果不一鼓作气除掉实力最强、野心最大的准噶尔部，这股战火迟早还会再度燃起。

这年春天，噶尔丹走到了穷途末路，四面楚歌，回顾一生的经历有如种种幻影，遂用一碗毒酒结束了自己不堪的残生。

而他的师弟也终于在战战兢兢的煎熬中等到了康熙的宽恕，却不知是福是祸。

忽然来到浪卡子

> 我和情人幽会，
> 在南谷的密林深处。
> 没有一人知情，
> 除了巧嘴的鹦鹉。
> 拜托善言的鹦鹉，
> 可别在外面泄露。[1]

当风霜雨雪降临拉萨城的时候，山南门隅还沉睡在鸟语花香的清梦中。

这个僻静的梦园，僻静是它的保护伞，也是象牙塔的墙垣。

在巴桑寺的日子悠长而清闲，爱情的主题曲在阿旺嘉措的世界越来越动人。阿旺嘉措已经写出了不少诗作，见面时的热切，暂别中的思念，偶尔的猜疑与苦恼，皆可化作他笔尖勾勒的蜻蜓，在错那宗的山山水水之间灵动穿梭。

与仁增旺姆在一起的时候，他常常想起阿爸阿妈。他已经长成了别人眼中玉树临风的少年，身边还陪伴着一位美好单纯的姑娘，可他的亲人却看不到了。他很想像别的小伙子一样，带着心上人来到父母身边期待他们的祝福，阿妈一定会喜欢仁增旺姆，她们都是阿旺嘉措心中美丽的仙女。

---

[1] 庄晶整理翻译：《六世达赖喇嘛仓央嘉措情诗（藏汉文本）》，北京：中国藏学出版社，2010年版，第17页。

自幼生活在清静的寺院，若不是遇见仁增旺姆，阿旺嘉措也许会一直在巴桑寺念经打坐，在里面做一辈子僧人。现在，手上的经书都快读完了，他的脑子里时常想起仁增旺姆有意无意问他的话：你是要一直在寺院里念经呢，还是回家娶个姑娘过日子？

起初，阿旺嘉措自己也不知道未来的方向，但随着与仁增旺姆的接触日益增多，他对未来的设想也越来越清晰。如果要娶个姑娘，娶的一定就是仁增旺姆。山上的花又一次开了，就像去年初次遇见她的时节，爱情的花也该有个着落。

三月的天气，风和日丽，万里无云。寺院里烟气袅袅，风把佛香送出几里之外的水畔草泽。上午念过一段《释量论》，师尊不在，阿旺嘉措便欢欢喜喜走下山去找仁增旺姆，虽然他们昨天刚见过面。正如后来爱因斯坦给相对论做的比喻：与美人对坐一小时，会觉得好像只过了一分钟；而坐在火炉上一分钟，却觉得过了不止一小时。在恋人的感官中，爱情缩短了光阴的长度，却增加了它的密度。

在错那宗的街市上，一家杂货店静候着过往来客。仁增旺姆一家经营着朴素的小店，阿旺嘉措已经熟悉了这条路。他感受过店铺里温馨和睦的气氛，但总觉得仁增旺姆应该住更舒适漂亮的大房子。

看到阿旺嘉措笑痴痴出现，仁增旺姆按捺着喜悦，向店里的家人打了招呼，雀跃着来到他身边。两人拉起手，穿过热闹的街巷，向山野烂漫处走去。

路上渐渐只剩下鸟啼和风声，在一棵大柳树下，阿旺嘉措拉着仁增旺姆停下来。柳枝在风中婆娑轻舞，细细密密的叶子像无限的生生世世，对着远方召唤。仁增旺姆闪烁着如水的双眸，背对阿旺嘉措仰望清风满树。她背后垂下一根乌黑的发辫，发间嵌着一颗蜡黄色琥珀，下面的贝壳和银币像一串风铃，即使无风也能让人感到清脆悦耳的回响。阿旺嘉措呆立着，对未来的畅想让他有些恍惚——再过一年，等仁增旺姆满十六岁，她就可以梳两根发辫，戴上更多漂亮的头饰，那时他就该把她迎娶回家了。

"仁增旺姆，"阿旺嘉措从怀里小心取出一条福幡，"我昨晚为你写了祈福语，祈祷你今生像格桑一样幸福……"说到后面，声音又不好意思地低了下去。

仁增旺姆闪动着眼睛，看着站在她面前的这个温润少年，轻轻说道："谢谢你，但我祈祷你和我一同拥有幸福。"

"嗯！"柳枝在头上轻摆，阿旺嘉措眼睛里闪着回忆的光芒。"你记得吗？上一个春天，我们就是在这里第一次相遇的。现在，我要把它挂在这树上，这里的风能带它飘动得更快，为我们祈福更多。"

说着，阿旺嘉措爬上树，把福幡挂在临风处，每一次飞动都是一次虔诚的祈祷。不远处的牧羊人警惕地盯着他，直到看他没有折坏柳枝才收起注视的目光。现在，这棵柳树成了阿旺嘉措心中的神树，仰望刚刚挂上去的福幡，他喃喃道：

为爱人祈福的幡儿，
竖在柳树旁边。
看守柳树的阿哥，
请别用石头打它。①

"这也是诗吗？"仁增旺姆认真聆听着，用钦佩和欣赏的眼神看着他。

"嗯，这首诗纪念我为你挂上福幡。还有一件事，我想和你商量。"少年的神情忽然不同往常，郑重里有种掩不住的兴奋。

在爱人心有灵犀的期待中，阿旺嘉措认真缓慢地讲出自己的畅想，生怕哪句说不好，惹恼了姑娘。"我从六岁就在巴桑寺学经，已经九年了。去年佛祖让我遇见了你，是你让我懂得了尘世的纯净和美，给我带来了写诗的灵感，更带来了我今生最大的幸福……嗯……我……我大概下个月就可以结束在寺院的学习了。父母留下了一间房子，我离开巴桑寺之后，可以回去养些牛羊，种

---

① 庄晶整理翻译：《六世达赖喇嘛仓央嘉措情诗（藏汉文本）》，北京：中国藏学出版社，2010年版，第4页。根据藏学专家校正，"用石头打"应为"用脚踢"。

点儿青稞，我会把生活打理得很好。如果你不嫌弃那座房子，就请一起搬过去吧。店铺忙的时候，可以回来帮忙经营。平时我们就一起烧火煮茶，骑马，看星星……好吗？"

风从很远的旷野吹来。阿旺嘉措说完才发现自己涨红了脸，他小心地望了一眼情人，却发现她睫毛间颤动着盈盈泪水。难道自己说错了什么，他慌张地愣在那里，疑惑间，仁增旺姆轻轻抹了抹眼睛，脸上和嘴角却挂满幸福的笑意："你说的都是真的吗？"

"当然！"阿旺嘉措急切地想证明诚意。

"我还要问问阿妈的意思。"

"那你自己就是同意喽？"

"我可没这样说——"仁增旺姆撇下一个甜蜜的笑，转身向山坡跑去。幸福的少年即刻追上去，他已经看到前方是一片烂漫的杜鹃花，婉转的鸟儿在前面唱诗带路。

黄昏时分，阿旺嘉措把爱人送回街市上的店铺。夕阳把影子拉得好长，美丽的错那宗处处洒满温暖的余晖。宽厚的尘世伸出双臂将阿旺嘉措温柔拥抱，他一直笑着，跳着，像只快乐的小鹿。

回到巴桑寺，已是灯火初上。想着心事痴笑的少年一抬头，发现寺院门外列着两队装束怪异的侍从。他的几位师尊都站在门口，似乎在翘首等待着什么人。阿旺嘉措在巴桑寺近十年还没有见过这种排场，但直觉认为一定是出了什么大事，想着晚上一定可以从伙伴们那里打听，他们可是各种消息的小灵通。

怕师尊看到他频繁下山而责备他，他想悄悄从侍从身后溜进去，却被师尊叫个正着。

"阿旺嘉措，你可回来了。"

"师尊，我……"

还没等为自己辩解一句，他感觉周围一些认识的和不认识的僧人都朝他围拢过来。和他最亲近的曲吉师尊走上前。阿旺嘉措莫名其妙，只觉得有什么不吉之事与自己有关。只听见一个熟悉的慈祥的声音说:"你在巴桑寺的学习从今天起就结束了,第巴正在拉萨的布达拉宫等着你。你先到浪卡子去,在那里还要见一个重要的人。今晚好好休息,明天一早就要启程了。"

什么?阿旺嘉措的脑子里忽然一片晦暗。第巴在布达拉宫等我是什么意思?我要回家和仁增旺姆喂马、劈柴,怎么忽然就要去拉萨了?不——

他内心在反抗,但还是怯怯地听从师尊的安排,尽管对这一切感到莫名其妙。

所有人都对他毕恭毕敬,这让十五岁的少年感到更加惶惑不安。整个夜里,阿旺嘉措都在想着如何溜出去把事情告诉情人,但窗外总是有那些奇怪的侍从像看管犯人一样守着。明天究竟有什么在等待着他,让他连仁增旺姆都来不及话别,他才刚刚许诺要与她一起生活啊。对着苯日神山的方向,阿旺嘉措默默祈祷,希望仁增旺姆能原谅自己暂时的不辞而别,一定要平安无恙地等到自己回来找她。

一夜无眠,天依旧准时亮了。阿旺嘉措开始了人生中第二次远行。而他的爱人还在错那的清晨回味昨夜的好梦。

从接到康熙皇帝的谕旨后,桑结嘉措就开始考虑如何将隐瞒多年的实情向外公布,又如何将山南的转世灵童迎请到布达拉宫。任何一件事做不好,都可能招致祸患,并改变西藏的历史。

几个月前,桑结嘉措与几位心腹经过商量,来到了拉萨河南岸的甘丹寺。这是格鲁派三大寺中地位最特殊的一座寺庙,它由始祖宗喀巴亲自筹建,是格鲁派的祖寺。而甘丹寺内最神圣的建筑要数宗喀巴的大灵塔了。据说铸造这座灵塔用了九百两白银,塔身鎏金,四周镶嵌着许多硕大的红珊瑚、绿松石、玛瑙,恢宏壮丽。宗喀巴大师和两位弟子的塑像供奉在塔前的低案上。大师身披黄色袈裟,双手在胸前做演法的庄严姿态,面露微笑,宽容众生。这里是他弘法事业开花结果的圣地,信徒们相信大师依然在注视着他们,并在冥冥之中给予指引。

在宗喀巴庄严的塑像前,桑结嘉措与一行官员、高僧为始祖献上哈达,虔心祷告。最终在卜问仪式上,他们根据神灵的旨意,确定迎请灵童坐床的时间为藏历火牛年,也就是当前这一年。神还指示:具体时间应为藏历十月下旬,并且最好先在聂塘扎西岗地方举行首次会面仪式。聂塘扎西岗也是五世达赖喇嘛与第一任第巴索南群培初次会面的地方。

藏历十月下旬恰好有一个重要的日子——燃灯节。这一天,人们会在神殿和自家经堂里点起酥油灯,昼夜不息。信徒们聚集在寺院前高诵"六字真言",向神灵祈福。燃灯节正源于对宗喀巴大师的纪念,于是桑结嘉措便把这一日确定为举行坐床大典的日期。

给康熙皇帝回信之后,桑结嘉措首先在一部分上层官员中秘密公布了五世达赖喇嘛圆寂的消息。有人早已料到,有人震惊讶异,但都遵照桑结嘉措的要求守口如瓶。越是冒险的事情,越要慎重,要一步步将暗处的事实融入光明,而不是给大地带来震荡般的惊扰。

在马车上颠簸近十日,阿旺嘉措一直怏怏不乐,偶尔掀开帘帐看看外面的风景,以为能让自己少一些忧虑,可愁绪就像茫茫草原无穷无尽,铺展在心中无法挥去。他不知道将要发生什么,天大的事情都比不上仁增旺姆重要。离错那宗越来越远,在一队藏军的专程护送下,忧愁的少年来到了浪卡子。

浪卡子,一个引人遐思的名字,像手串上的一粒贝壳,带着清澈的意象,注定连缀在阿旺嘉措飘摇的一生之中。浪卡子在喜马拉雅山中段北麓,藏语中意为"白色的鼻尖"。这里的羊卓雍错是山南地区的第一圣湖。羊卓雍错,藏语意为"碧玉湖"。又因河汊丛生,湖岸蜿蜒,远观仿若珊瑚枝轻盈曼妙,羊卓雍错也被称为"上面的珊瑚枝"。

西藏有三大圣湖,羊卓雍错便是其一,另外两大湖泊分别是纳木错(天湖)和玛旁雍错(无能胜湖)。西藏的湖泊,大大小小有上千座,像珍珠碧玉撒落在雪山峡谷之间。有些小湖甚至没有名字,却一样清澈动人,一样受到西藏人的尊崇。

西藏的湖都是灵性之湖,自然少不了美丽的传说故事。关于羊卓雍错的传说不止一种。一说它是由一位仙女下凡幻化而成的。这位仙女被奉为羊卓雍错达钦姆，是西藏地区的保护神。所以，羊卓雍错蕴藏着宗教的神力。虔诚的佛教徒每年都会以绕湖一周来代替到拉萨朝圣，祈愿接下来的一年佛都会保佑他们吉祥如意。

又说，从前，羊卓雍错只是一眼清泉。泉边住了一户富裕人家，家中有一位名叫达娃的女佣。一天，善良的达娃在泉边救了一条小金鱼。得救的金鱼瞬间变成一位美丽的姑娘，不但对达娃说了感谢的话，还送给达娃一件珍宝做礼物。达娃的主人发现后，心生贪念，一定要达娃到泉边再把姑娘引出来。达娃被逼无奈，只得照做，但是他们连小金鱼的影子也没有发现。达娃被愤怒无情的主人推下泉眼淹死了。就在这时，泉水中猛然掀起滔天波浪，向主人汹涌袭来，原来是金鱼姑娘为达娃报仇，让富人得到恶报，一命呜呼。此后，这里便出现了一泓碧波如镜的湖水。

逆着阳光望去，羊卓雍错旁耸立着一座嵯峨雪山，名叫宁金岗桑，藏语意为"夜叉神居住的高贵雪山"（佛教中的夜叉本是丑陋凶恶的食人鬼，后来经佛陀教化成为护法之神），传说居住在这里的是西藏四大山神之西方山神诺吉康娃桑布。西藏人之所以将山川河湖奉为神灵，是因为他们对生存环境的关注——皑皑的雪山四季被冰雪覆盖，为谷底提供源源不断的生命之水，养育着一代代淳朴的高原人。以自然为神明代表着他们对生命由衷的感恩。

西藏的山神系统像希腊神话系统一样庞大丰富。这些山神不仅有夸张的外貌，也有七情六欲。每个山神都有自己的爱人，有些是与它连绵的神山，有些就是它脚下静卧的湖水。山峰本身不是神灵，而是神灵的居所和道场。逢上某一年，各路神佛会汇集某一神山，这座神山就会显圣。这一年来此朝拜的人转山一圈就可以洗尽一生罪孽，转十圈可以在五百轮回中免受地狱之苦，转百圈便能成佛升天。

夏天的浪卡子草色青青，牛羊如天上繁星。羊卓雍错岸边的湖水中倒映着一个少年惆怅的面容。阳光在湖水中折射出不同层次的蓝，却驱不散阿旺嘉措脸上密布的阴云。他还不知道自己来到浪卡子要做什么，就不得不在这里的寺院中住了下来，看来他要见的重要人物还没有赶到。经过再三请求，他才被允许走出寺院，而左右侍从总是不肯让他一个人散心。

第二章 局中佛

望着天空与湖水，无际的深蓝色仿佛一直沉到阿旺嘉措的心底。这里的景致和乌坚林、错那宗都不一样，没有遍野的杜鹃花，没有挂幡的柳树，只有辽阔和空灵。阿旺嘉措面朝静默的宁金岗桑祈祷：圣湖神山果真能够显灵，可以把我带回故乡，回到仁增旺姆身旁吗？

没有佳人，空有良辰美景又能如何？阿旺嘉措不忍在水边停留太久，便向着湖畔草原踱步。在一座牛毛帐篷前，阿旺嘉措听到了六弦琴的声音。琴声纯熟，曲调流畅清扬。在琴声的伴奏下，一个苍老浑厚的声音唱道：

> 山桃花开得正美，
> 成群的鹦鹉压弯了树枝。
> 姑娘你是否愿意跟我去？
> 那里是春光明媚的好地方。

循声走近，阿旺嘉措看到一位慈祥的老者，怀抱乐器坐在柔软的羊皮上歌唱，双眼微闭，沉浸在音乐的世界里。一曲结束，老人睁开眼看到帐篷外听得入迷的少年，热情地请他进去喝茶。听了老人的歌声，少年刚刚按住的思绪又起伏开来。征得老人的同意后，他抱起六弦琴，试拨了几个音，便弹唱起来：

> 凛凛草上霜，
> 飕飕寒风起。
> 鲜花与蜜蜂，
> 怎能不分离？[①]

"小伙子，为何唱起这么悲凉的歌？这首歌是哪里的民歌？我还从没听过。"
"这是我自己写的。因为心境低落，想不出明朗的句子来。"

[①] 庄晶整理翻译：《六世达赖喇嘛仓央嘉措情诗（藏汉文本）》，北京：中国藏学出版社，2010年版，第3页。根据藏学专家校正，"怎能不分离？"应为"生生被分离"。

"写得好啊,能把心事写出来,唱出来,那心事自然就会得到一些疏解。"老人说着,又眯起眼睛。琴声再起,阿旺嘉措即兴唱道:

爱情渗入了心底,
"能否结成伴侣?"
答道:"除非死别,
活着绝不分离。"①

这天,忧郁的少年在老人的帐篷中落泪。老人用他香浓的奶茶安慰着他。传说,后来老牧民听说来此弹琴唱歌的少年就是六世达赖喇嘛,就抱着大块酥油和牛肉,风尘仆仆前往布达拉宫去看望他的一面之交。当他茫然又满怀期待地对着宫殿呼喊"阿旺嘉措"时,僧官们把他当作扰乱宫殿的冒犯者抓了起来。正要处以刑罚时,六世达赖喇嘛听说了来者,便为他松绑赔礼,请到宫中,看到老人的靴子破了,就把自己的金丝锦缎云底鞋脱下来给老人穿上。这就是羊卓雍错湖畔的牧民穿这种鞋子的由来。

迎请灵童是桑结嘉措这一年最重要的公务。曲吉已经向他报告过阿旺嘉措从巴桑寺至浪卡子这一路上的情况,他又把受戒仪式需要的服装、用具一一备好,命曲吉带给阿旺嘉措。

转眼到了八月末,依照计划安排,灵童就要在浪卡子受戒了。桑结嘉措思虑良久,终于准备向众僧公布秘密。在布达拉宫及格鲁派三大寺中,桑结嘉措派人同时宣布:

五世达赖喇嘛是观音菩萨的化身,本不受生死之限,但为了显示当今人的寿命为百岁之限,已于水狗年圆寂。早年乃遵照五世达赖喇嘛遗愿,并同

---

① 庄晶整理翻译:《六世达赖喇嘛仓央嘉措情诗(藏汉文本)》,北京:中国藏学出版社,2010年版,第8页。

两大护法神的郑重旨意：此事攸关政教大业，必须严加保密。如今，神已允许公开。达赖喇嘛的灵童不仅已经降临人世，而且将在今年的燃灯节登临无畏雄狮宝座之上，要排除一切悲痛，庆贺六世达赖喇嘛登位典礼。

在拉萨广场上，俗官们也向市民传达了六世达赖喇嘛即将坐床的消息。有关达赖喇嘛的一切事情都是西藏的大事。尽管来得突然，人们还是以最高的宗教虔诚，无条件地接受并欢庆六世达赖喇嘛的降临。

在浪卡子停留了一整个夏天，阿旺嘉措终于在九月等来了重要的会面人——五世班禅罗桑益西。经桑结嘉措的通知和邀请，罗桑益西才知道自己的师尊五世达赖喇嘛早已圆寂，为给灵童剃度受戒，他立即动身从日喀则赶来。

蒙住阿旺嘉措的谜面就要解开了。师尊曲吉为他换上一身黄色袈裟，戴上一顶崭新的桃形尖顶帽，在丹增颇章寝宫见到了五世班禅罗桑益西。

阿旺嘉措永远忘不了，当班禅告知他就是五世达赖喇嘛的转世静体时，他的内心是多么震惊。他来不及思考这意味着什么，因为那意味着太多太多，尤其是对于一个此前一直向往尘世生活的少年。

困扰他数月的疑云被一道闪电划开。他才明白为什么能从小被曲吉师尊和多巴师尊照顾，为什么自己在同样的时间内要比其他孩子多学那么多经书，为什么远在偏僻的寺庙却能和拉萨的第巴通信。他忽然发现，这么多年的成长原来一直被安排在一条隐蔽的轨道上，有人早已在暗中策划、观察、操控……达赖喇嘛，这曾经是一个多么让他崇敬的角色，如今竟像一件肥大无比的袍子罩上自己孱弱的肩膀。他甚至能看到自己在庄严的大殿上显出一副无知惊悸的神情，像个舞台上的小丑。他不想走在众位高僧的前列，不想接受让他消受不了的敬拜的目光。他应该回到错那宗去，拉着仁增旺姆在草地上奔跑。他应该留在街市上帮她卖东西，和她一起听乐手弹唱。

当然，这只是阿旺嘉措一个人的想法，现在，全西藏的僧侣和百姓都像崇敬五世达赖喇嘛一样崇敬他。

学习佛经的时候，他只知道今日是昨日的无常，分别是相聚的无常，秋是春的无常，死是生的无常。现在，他明白，法王是凡人的无常。他的人生陡然转入另一个世界：高高在上，俯览众生，为他们谋取福祉，寄托信仰。那里没有山林草泽的烂漫，也没有谁是他的玛吉阿妈。就这样，最神圣庄严的使命成了阿旺嘉措一生最大的荒唐。

在曲吉师尊的指引下，阿旺嘉措与班禅相互磕头，敬献哈达，并向班禅赠送桑结嘉措事先备好的礼品。他看着自己的头发一缕缕滑下去，落到地上了无声息。班禅的手掌还很年轻，却充满了慈爱，让他想起阿爸的样子。从这天起，五世班禅就是他的老师了。

一般来说，灵童从幼年就开始坐床培养，进行一系列出家仪式。阿旺嘉措就要满十五周岁了，才在师尊的指引下受沙弥戒（沙弥是梵文的音译，藏语称格楚戒）。沙弥戒是出家人应遵守的最基本的戒律，随着修持的深化，再受比丘戒、菩萨戒。而且，达赖喇嘛受沙弥戒一般是在拉萨大昭寺。届时，会请出藏于大昭寺的《显宗龙喜立邦经》置于殿前，灵童向经书磕头礼拜，并献上一条五彩哈达。五彩哈达分为蓝、白、黄、绿、红五色，分别寓意着蓝天、白云、大地、水域和空间护法神。它是西藏最为尊贵的礼物。而桑结嘉措没有把仪式安排在大昭寺，大概是考虑到浪卡子相对偏僻，万一出现变故也利于控制局势。

阿旺嘉措跪在佛前，合掌发誓，愿意终生皈依佛教三宝。他果真这么想吗？也许他心中感受到更多的是一种迷茫的新奇。他听着班禅在身旁解释沙弥十戒的含义，然后跟着他念："不杀害有情，不偷盗他人财物，不做男女淫事，不妄语，不饮酒……"

他又听见自己说："遵守一切戒律，为众生之事，身体力行。"

他还不相信也不习惯自己就是雪域法王。但是，好像一迈进佛堂，出现在众僧面前，面对微笑的五世班禅，他只能按照所有人的设想去完成一幕戏。至于帷幕何时落下，他还没来得及去多想。他听到老师五世班禅为他取了陌生的法名：洛桑仁钦仓央嘉措。"洛桑"意为"智者"，"仁钦"意为"珍宝"，"仓央"则是"梵音"之意——佛的声音，具有正直、和雅、清澈、深满、周遍远闻五种清静相。虽然这个名字听起来像是别人的，阿旺嘉措还是对它很有好感。

可他忽然意识到，他正式成为六世达赖喇嘛后的第一件事，就是失去了曾经的名字，那个阿爸阿妈亲切呼唤的名字，仁增旺姆温柔呢喃的名字。仓央嘉措从此代替了阿旺嘉措，庄严的圣殿代替了浪漫的山野。

他看着老师赠送给自己的一件件贵重礼品：一条印有文字的长长的哈达、一尊释迦牟尼佛像，金塔、金曼扎、金瓶、法衣、白玉茶碗、念珠、缎垫褥、缎靠背、经书典籍……每一件礼物似乎都预示着他今后的生活状态，透过它们，他看到了五世达赖喇嘛、四世达赖喇嘛在布达拉宫的身影，也看到了自己在那里的未来，再以后，还会有人接替自己，生生世世在同一个位置做同一件事。

三日后，寺院管家引香带路，迎请灵童的马队缓缓启程。浪卡子号鼓齐鸣，旗幡林立，一路上都有百姓僧俗顶礼膜拜。阿旺嘉措，不，仓央嘉措一生的跌宕迷离才刚刚开始。

无上尊荣如囚笼

西藏百姓在桑结嘉措公布消息后都期待六世达赖喇嘛的降临,蒙古达赖汗政权却暗中不悦,他们是最晚得到消息的。作为格鲁派的施主,发生这么大的事情第巴竟然不同他们商量,无疑损伤了蒙古政权在西藏的权威和尊严,但听说大清康熙皇帝已经批准六世达赖喇嘛坐床,并且请了使者为他御赐册封,达赖汗也就暗暗记下这笔账,暂不追究,表面上还是同桑结嘉措一起前往聂塘会见仓央嘉措。

"聂塘"在藏语中意为"活佛休息的地方",这里也是五世达赖喇嘛与第一任第巴索朗饶丹见面的地点,桑结嘉措在这里与仓央嘉措相见显然有传承之意。

九月二十七日,仓央嘉措在聂塘见到了桑结嘉措,这个从他幼年时就暗中安排他一生的西藏"行政官"。千人仪仗队在仓央嘉措面前迤逦铺展,领头者之一身着尊贵华美的蟒缎锦衣,上镶獭皮窄边,腰束金丝缎,足蹬香牛皮靴,左耳戴珠坠,十分魁梧威严,这正是第巴·桑结嘉措。他身旁骑枣红色大马,身穿白天鹅绒织锦礼服,头戴七宝重顶冠者就是和硕特部达赖汗。藏、蒙全体僧俗官员,以及格鲁派三大寺高僧代表,在他们身后站了一排又一排。

仓央嘉措从没想过,曾经如忘年交一样与他通信的长辈桑结嘉措,竟是以这样的方式与他第一次会面。

来者照例向他献礼:无量寿佛像、长寿经咒、殊胜塔……个个镶珠嵌玉,光芒闪耀,仓央嘉措已习惯这种仪式化的礼物,只是暗中思量他们在自己身上究竟耗费了多少物资。在浩大的欢迎队列前，刚刚受戒的仓央嘉措显得如此单薄，他在众人坚定沉稳的目光中感到茫然，任凭风吹动崭新的袈裟。千百人合掌膜拜，闭目诵经，梵音声声将仓央嘉措的思绪送到了前方的日光圣城。

每个西藏人心中都守着一座名叫"拉萨"的圣城。"拉萨"在藏语中正意味着"圣地、神佛之地"，是太阳升起、迷雾消散的地方。7世纪，松赞干布钟情于这片辽阔的原野，下令建造拉萨城作为政治中心，为迎娶文成公主而建的布达拉宫成为拉萨的宏伟地标。拉萨城两侧山峦环抱，有丰茂的草原可以纵马驰骋，也有碧绿的河水可以中流击浪。

在聂塘住了一个月后，队伍终于再次启程抵达终点。初次进入拉萨，仓央嘉措惊讶于这里倾城的日光。阳光像散落自天堂的佛珠，降落到布达拉宫金顶之上，使人心生憧憬与归属，使人倾心将生命融化其中，使人相信这温柔而清亮的阳光就是永恒。它将带着人的灵魂升腾，直通向天空深处的神佛。

刚刚完成重建的布达拉宫金光闪闪，仿佛在等待新主人的出现。完成了五世达赖喇嘛的遗愿，令桑结嘉措感到很满意。在红宫和五世达赖喇嘛灵塔殿基本完工的时候，他亲自主持了隆重的落成典礼。为了纪念又不至于显得过好大喜功，他效仿唐代武则天在大殿前立了一块无字碑。其实，在子民眼中，圣殿的修缮更多是归功于五世达赖喇嘛。何况，在信徒心中，布达拉宫也并非被视为尘世功绩，而是五世达赖喇嘛崇高精神的象征。那是观世音转世为达赖喇嘛所驻锡的宫殿，它向所有虔诚者敞开大门。

在五世达赖喇嘛主持重建以前，古老的布达拉宫已经遭受多次雷电兵乱的损毁，只剩下帕巴拉康和曲吉卓布两个佛殿废墟般留守。而今，所有的宫殿和整饰悉数完成。大殿的每一根梁柱，房檐的每一处图案，壁画的每一笔色彩，每一尊佛像，每一盏灯火，无不闪现着夺目的光芒，散发出特有的香气。

藏历十月二十五日这天，拉萨的每一条街道都打扫得纤尘不染，从布达拉宫、大昭寺到每户人家的房顶，都插上了节庆的彩旗，以及象征吉祥的伞、盖、幢等仪仗，几里之外便能望见，绚丽壮观。路上用白色石灰画满了吉祥图案。圣洁的白，是西藏最常见也最受欢迎的颜色，意味着善良、纯洁、吉祥与喜庆。日常生活中的任何白色事物都寄托着人们超出现实的愿望。

坐床大典是活佛一生中最隆重的仪式，而达赖喇嘛的坐床又是西藏所有活佛中最盛大的典礼。所谓床，在内地是指睡觉休息的床，而西藏佛教中的坐床所指的是"用来坐的床"，只可坐不能卧。所以，在佛典中，"床"与"座"往往通用或并用。比如"身为床座遍大千"，就是指愿心之大，载德之厚，能以一己而广度大千众生。按照清廷规定，举行坐床仪式标志着灵童能以前世活佛的地位公开与各界往来。

良辰吉时一到，迎请队伍便浩浩荡荡地沿着白色图画伸展的方向出发了。第巴·桑结嘉措引香带路于前，庄严整齐的仪仗队与乐队紧随其后。黄色大轿中，仓央嘉措身穿黄色法衣，仪仗队高执经幡宝盖，乐队吹奏着庄严的礼乐，后面紧跟各大寺院高僧代表、大小僧俗官员、各地贵族、八方信徒……整个迎请队伍绵延数里。

当仓央嘉措进入拉萨市区时，唢呐、大号、锣鼓、铜钹一并奏响，家家户户门前都燃烧着加有香料的松柏树枝，烟气袅袅，乐音不绝。仓央嘉措远远望见，十里长的街道两侧站满了僧众，人们以热切而虔诚的姿态望着他缓缓而盛大的降临。路的左边，市民和近郊农民身穿节日礼服，打起腰鼓，跳起吉祥舞；路的右边，来自拉萨各大寺院的僧人或是高举如意伞盖和鲜花，或是端着贡品和礼物。左边的人们，不就是他在错那宗的集市上见到的那种百姓吗？右边的人们，不就是他在巴桑寺与其共同生活过的那样的僧人吗？今天就在眼前，世俗文化与宗教文化相互辉映着，他们融合成最富西藏魅力的节日图景。他们怀有同样纯洁的信仰，除了生活方式不同、修习程度不一，还有什么区别呢？仓央嘉措迷惘了，如果他此刻没有坐在这高高的轿子里，他会站在路的哪一边？他会写诗来赞颂转世灵童，还是与仁增旺姆一起敲鼓起舞？哦，仁增旺姆，一个无时无刻都绕不过去的名字……

在众多子民与臣属的簇拥下，仓央嘉措恍恍惚惚来到了大昭寺。人们说，先有大昭寺，后有拉萨城。金碧辉煌的大昭寺坐落在拉萨市中心，相传是唐代文成公主选址设计，由尼泊尔尺尊公主组织兴建的。经过后世不断扩建修整，大昭寺穿越了十个世纪的风尘，依然气势巍峨。这里是"转经"活动的聚集地，所有磕长头来到拉萨的信徒必然要到大昭寺朝拜。

在藏语中，大昭寺称为"觉康"，意为"释迦牟尼佛殿"，人们不远万里来朝拜的主要对象，就是寺内供奉的释迦牟尼佛像。以大昭寺为中心，形成了三层转经菩提路。环大昭寺内中心的释迦牟尼佛殿一圈称为"囊廓"，环大昭寺外墙一圈称为"八廓"，大昭寺外辐射出的街道就是在雪域闻名遐迩的"八廓街"。以大昭寺为中心，将布达拉宫、药王山、小昭寺都囊括进来的一大圈称为"林廓"。这从内到外的三个环型，便是信徒们行转经仪式的路线。

寺院门前的青石板上，凹痕婆娑，那是千万朝圣者无声的膜拜印记。当仓央嘉措抬脚迈进大昭寺时，心中瞬间摒弃了方才的杂念，完全被恢宏而宁静的气质所折服。不过，按照第巴和五世班禅的嘱咐，穿过缭绕的香雾，仓央嘉措要先向皇帝的牌位挂献哈达，之后才能进入大殿礼拜释迦牟尼佛像。

佛祖端坐在大昭寺核心佛堂，左手持钵，右手扶膝，双目安然而低垂，沉思中静默含笑。头戴五部如来佛冠，其上镶嵌珍珠、宝石、碧玉、松石，美妙庄严。胸前嵌着一枚右旋白海螺，寓意佛法之音，声震四方。白海螺在藏语中称为"东嘎"，每每在法会之际僧人都会吹奏法螺祈祷吉祥安宁。而右旋白海螺在西藏最受尊崇。

释迦牟尼在世时，弟子们为使他的真容传于后世，特请工匠为他打造了四尊八岁等身像和四尊十二岁等身像，酷似佛祖本人。佛祖亲自为等身像开光，散花加持。此后，无论岁月几何，凡是见到等身像的人，都如见到佛祖本人一样能够获得巨大的加持力。

据藏文古籍《松赞干布遗教》记载，印度国王达尔玛巴拉在位时，有入侵军队摧毁了吉祥那烂陀寺，教法几乎遭到毁灭，于是向中国皇帝请求援助。中国皇帝送给达尔玛巴拉一件无缝锦缎大氅。这件大氅绣有图案，质料轻薄，胸口处有一珍宝做成的吉祥结，穿上它便可刀枪不入。同时，中国皇帝还提出了有效的计策和教诫，机缘结合之下，印度成功驱逐了入侵军队，使佛法重现光明。为感谢中国国王的资助，达尔玛巴拉特将其中一尊释迦牟尼十二岁等身像奉送给中国。

　　当松赞干布迎娶文成公主时，唐太宗将这尊像作为嫁妆，与送亲队伍一道，由都城长安历尽艰险，最终抵达拉萨。从此，这尊释迦牟尼等身像就成为雪域信仰的化身，在信徒心中拥有无上尊荣。拉萨城原名为"吉雪沃塘"，意为"吉曲河下游的牛奶坝子"，正是这尊佛像让这里更名为"神佛之地"——拉萨。

　　在师尊的引导下，仓央嘉措登上大昭寺二楼，继续将尊贵的哈达一一恭敬地挂献给松赞干布、文成公主、莲花生大师、白拉姆女神、宗喀巴……他还来不及仔细瞻仰每一尊始祖与神佛，敬献完毕，又立即被带出大昭寺，重新回到欢腾鼎沸的人潮中。

　　依旧沿着白石灰的图案，众人抬着他走向庄严的圣殿布达拉宫，来到司西平措大殿。"司西平措"在藏语中意为"寂圆满"。这是红宫最大的宫殿，占地七百多平方米，大殿每年都会举行很多重大的佛事活动，见证很多神圣的时刻。消灾、驱邪、沐浴等仪轨一应完毕后，仓央嘉措终于以六世达赖喇嘛的身份登上无畏狮子宝座。

　　在僧众面前，康熙帝的使者章嘉呼图克图宣读了皇帝的封诰，颁发册文。皇帝之前动怒的危机终于有惊无险地解除了，他没有对桑结嘉措上报的灵童进行刁难，就顺利地给予册封，正式认定仓央嘉措为第六世达赖喇嘛。也许仓央嘉措还不晓得大清皇帝的册封意味着什么，但对于多年忧虑的桑结嘉措来说，一块巨石终于安然落地了。

　　接下来，从五世班禅的代表——扎什伦布寺总管、三大寺代表到僧俗官员、各地贵族、蒙古青海代表，迎送队伍中的各个阶层依次向新登上宝座的仓央嘉措献礼庆贺。在他们眼中，这位少年就是他们的观世音菩萨。

　　在虔诚的信徒看来，仓央嘉措举手投足间都带着佛性的庄严，甚至用他的体征细节来印证《方广大庄严经》中对佛陀三十二吉相的描述："一者顶有肉髻。二者螺发右旋其色青绀。三者额广平正。四者眉间毫相白如珂雪。五者睫如牛王。六者目绀青色。七者有四十齿齐而光洁。八者齿密而不疏。九者齿白

第二章　局中佛

如军图花。十者梵音声。十一味中得上味。十二舌软薄。十三颊如师子。十四两肩圆满。十五身量七肘。十六前分如师子王臆。十七四牙皎白。十八肤体柔软细滑紫磨金色。十九身体正直。二十垂手过膝。二十一身分圆满如尼拘陀树。二十二一一毛孔皆生一毛。二十三身毛右旋上靡。二十四阴藏隐密。二十五䏶佣长。二十六腨如伊尼鹿王。二十七足跟圆正足指纤长。二十八足趺隆起。二十九手足柔软细滑。三十手足指皆网鞔。三十一手足掌中各有轮相榖辋圆备，千辐具足光明照耀。三十二足下平正周遍案地。"众人虽然无法完全对应，却也没有丝毫质疑。

可仓央嘉措自己并不觉得，只是把师尊预先的叮嘱时刻记在心里，这一天所经历的场面也不允许他流露出半点闪失。下面一群陌生人以无与伦比的虔诚向他朝拜，似乎他们早就认识仓央嘉措，似乎仓央嘉措已经为他们赐福佑护，似乎高贵与卑微的关系与生俱来，从未变过。也许偶尔有片刻，他会陶醉在众星捧月般的氛围里，但随即就会醒来，仿佛睁着眼在做一场大梦。

午后德阳厦广场上，鼓乐声声，歌舞欢腾。夜晚整个拉萨城燃起千万盏酥油灯，如繁星落地，彻夜长明，耳畔的诵经声浩瀚无际，仓央嘉措心中却一片朦胧，不知身在何方。从此，他将成为雪域无上法王，为众生谋福祉，忘却身为凡人的过往。

每一个被确认的灵童都会成为家庭的骄傲，当负责寻访的高僧通知他们的父母时，父母会为家中出现了转世活佛而倍感荣耀。神的旨意高于一切，父母很愿意让孩子出家为僧。仓央嘉措不知道自己的父母是否在生前得到秘密通知。如果是这样，他们会为自己感到高兴吗？还是舍不得自己离开？他想起阿爸的病逝，想起最后一次回望风中的阿妈，她是那么憔悴那么孤独。

神又为何要降旨匿丧十五年呢？如果一切依照惯例，那么当曲吉和多巴第一次走访乌坚林那年，他就会被接到寺庙里培养，七岁便可以拜五世班禅为师，出家受戒，然后坐床——倘若时间向前平移七年，他将不会眷恋人间烟火，不会在青山绿水中爱上一个少女，而是清心修持佛法，成为一个受人尊崇的学识渊博的喇嘛。当他厌倦于枯燥经书的时候，少年仓央嘉措常常这样设想。

自从坐床大典举行后，仓央嘉措几乎就没有机会离开这座辉煌的宫殿。巴桑寺期满的学习生涯在这里以更严厉的方式延续下来。

在第巴·桑结嘉措的安排下，五世班禅从日喀则的扎什伦布寺来到拉萨，向仓央嘉措传授佛法。为了让仓央嘉措尽快进入活佛角色，五世班禅为他讲述自己的老师五世达赖喇嘛——仓央嘉措前世的生平，追溯他如何为格鲁派争取权益，如何不远千里进京朝觐大清皇帝，如何组织重修伟大的布达拉宫，希望唤起仓央嘉措对前世的种种记忆。在西藏人心中，五世达赖喇嘛的神圣无人能比。年少的仓央嘉措越听老师的讲述，心里越发感到压力重重：自己能承担起活佛的宗教事业的重担吗？能达到五世达赖喇嘛的功绩吗？

与五世班禅同时来到仓央嘉措身边的，还有甘丹寺大法座卓尼·楚臣达杰、格隆嘉木样扎巴、阿里格列加措等高僧，每一位都娴熟经典，道行高深。他们的任务是让仓央嘉措意识到自己是伟人转世，并拥有与身份相匹配的学识修为。五世达赖喇嘛曾说，愚昧无知的幼童，用绫罗绸缎装饰自己的体相，坐在高座之上，只会向愚笨的侍从们炫耀，如此就像用冰霜摧残佛法的莲园一样，这是最可怕的。

为了让刚刚坐床的仓央嘉措认识到自己任重道远，要紧追先辈高僧大德们的遗风，桑结嘉措对请来的老师都下了严格的教育指令。最后，还少不了桑结嘉措自己。他自幼在五世达赖喇嘛身边长大，积淀了深厚的学识，正急于将仓央嘉措迅速培养成合格的达赖喇嘛，毕竟这个少年已经错过了十五年的专门培养。

从阿旺嘉措到仓央嘉措，从枯燥的巴桑寺到几乎禁闭的布达拉宫，宿命像个玩笑，如果那真的是神的旨意——一个人的一生就这样被重重网罟所笼罩，走不出命运，但也许就在兜兜转转中自成传奇。

当他第一次身披熏香法衣，被众人簇拥着抬入布达拉宫时，他也许想不到这袈裟之上，大殿之下，究竟什么才是生活的常态。学习任务自然比巴桑寺繁重许多，《根本咒》《供咒经》《生满诫》等，无所不学，无所不包，只有掌握了浩繁卷帙，才能从才学上赢得众僧的尊崇，才能担当起政教领袖的重任。经书漫卷，《甘珠尔》是仓央嘉措印象最深的典籍之一，它是释迦牟尼的语录总集，共计一千一百零八种，分为戒律、般若、华严、宝积、经集、秘密、目录等七类，庞杂厚重。仅这部书，仓央嘉措就学过三遍，而教他第一遍的人就是桑结嘉措。

根据五世达赖喇嘛留下的修习传统，仓央嘉措到十八岁前，三年内都将不分寒暑地攻修经卷。一想到囚笼般的学经生活，仓央嘉措就郁结于心，难道活佛就是被关在宫里失去自由的傀儡吗？千万人信奉达赖喇嘛，达赖喇嘛自己却无从依附，无处倾诉。

格隆嘉木样扎巴是仓央嘉措的根本上师。佛教中的根本上师是指令人证悟空性的上师，是指导佛法最多、对其影响最大的人。几位经师中，格隆嘉木样扎巴的任务最为重要，要传授完整的佛学体系与密法咒术。

厌学常有，乐趣不常有。在肃穆严谨的佛堂里，仓央嘉措与上师格隆嘉木样扎巴终日对坐，听他口中绵绵不绝的佛理阐释，只塞得脑中混沌无序。事实上，以仓央嘉措的聪敏天资，在全西藏最好的老师的教诲下，只要孜孜不倦地攻读，他就能够掌握所学，成为茹古涵今的宗教学者，甚至青出于蓝。但一个人的能力与他的意志有时相左，一旦意志扑闪着翅膀飞向对岸，能力不仅无法阻拦，还会甘心为之让路。如果说初见布达拉宫时，它还能让万人瞩目的少年心生崇敬与荣耀，那么日久之后，新鲜感被四周的压抑驱走，只剩下无尽的乏味。

环顾四周，那慈善的佛像，瑰丽的唐卡，垂挂的经幡，在满眼厌倦的少年看来都失去了神圣的光泽。清风不来，阳光躲闪，酥油灯那微弱的黄光穿不透佛堂的幽暗，那实则是少年内心的寂寥与压抑。他的心早就不在圣殿中了。围墙越高，越让人产生逾越的向往。那是自由的天性，他的每个子民都有的天性。

无心听讲的时候，仓央嘉措常常托着下巴，歪着头看窗外遥远模糊的风景。格隆嘉木样扎巴知道他走了神，便和善地提醒。仓央嘉措叹了口气，将头缓缓转向经卷，没多久再看看窗外，再听到上师的提醒。反复几次，他终于沉不住气，扔下经书，起身在室内焦躁地踱步，试图在方丈之内平息自己舒展身心的渴望,却走得更加郁悒。

　　这时,仓央嘉措听到熟悉的哀求:"佛爷您圣明!劳驾,请不要这样,请您安坐下来好好听吧。若您不好好听的话,我就要受到第巴的责骂了。"

　　满腹闷气的少年回过头来。身后站着白发皤然的老喇嘛,用双臂拖捧经卷在胸前,颔首屈身,双手合十。少年一怔,那是他的上师——就在他面前,却好像很远,竟远成一个卑微无奈的缩影。

　　仓央嘉措的心忽而开始柔软,面对年迈的老师感到愧疚和感伤。老师的苦心孤诣,自己的烦闷挣扎,都是源于第巴的安排,他似乎高于一切,蒙古汗王不放在眼里,达赖喇嘛也不放在眼里吗?或者要等自己在青灯黄卷中磨砺一番,学有所成时,才能从第巴手中接过宗教大权吧。想到这里,他只好听从上师的规劝,乖乖坐下。佛堂里,老者浑厚的讲经声混合着香雾,在昏暗的光线中继续萦绕。

　　桑结嘉措经常会到日光殿看望仓央嘉措,问候他的学习进展与生活起居。按年龄算来,他应该与仓央嘉措过世的父亲相仿。仓央嘉措曾经想将他视为亲人长辈,但每每只能在他的脸上看到严肃,即便有笑容与问候,也不过是用来掩盖他对权力的贪婪和急切。

　　偌大的布达拉宫对仓央嘉措来说却局促得可怜。锦衣玉食自是必然,可毫无品味的兴趣;所到之处尽是随从,却没有人可与他促膝交心。他常常神游往事,梦回故乡。远方的仁增旺姆是否了解他在拉萨的孤独?离开那片土地的时日越来越久,回忆却日渐清晰。对那时的不辞而别,还不知她会作何想。命运的突然改变令他来不及与心上人辞别,来不及理清自己纷至沓来的人生,来不及对他们山花般的爱情做一个明确的交代。难道,从此就要天各一方,相忘于江湖吗?

第二章 局中佛

十八岁,两手空空

山南的冬天,万物销声匿迹,灰与白成为主色,但每天依旧有阳光照耀,错那宗就平静地铺展在皑皑原野之上。冬天亦是这里的好时节。

这天,往日阒静的街道上,走来了一支热闹的迎亲队伍。走在队伍最前头的是星相师,身穿一袭白袍,骑一匹白驹,手中擎着九宫八卦图。西藏的九宫八卦图多为文殊九宫八卦咒轮图,是由莲花生大师集梵、藏、汉三地破除各种凶煞之镇宅安居妙宝而成。上有代表方位、时辰、生肖、咒轮、菩萨等的符号图像,可以防范因人、事、物、风水、地理所生的任何凶煞,阻挡一切奇灾异祸,越吉避凶,转祸为福。以此图符开路,象征婚礼与姻缘顺利安乐,福寿绵长。

走在星相师身后的,是迎亲代表、伴娘和其他送亲人,全都流露出喜悦的微笑簇拥着美丽的新娘。新娘穿着男方前一天送去的全套衣饰。最惹眼的是一条五彩毛绒织成的"斜玛"系在腰间。这是西藏品质最好的邦典(样式相当于围裙),用十几种染色毛纱精工织就,细横条纹,缤纷鲜丽,比天边的虹霓还要绚烂。她油光黑亮的头发对半分开,梳在两旁,当中珠璎顶髻,身后披散着一股股细密的发辫,上面点缀着珊瑚和珠玉。顶髻上镶嵌的松耳石像一轮温润的明月,妩媚流转。连她乘骑的那匹怀有小驹的白马,也被打扮得漂漂亮亮。

白雪在日光的映照下格外晶莹,马队的欢声给宁静的小县城带来诸多生机。只听队伍中的歌者高唱:

太阳金光映积雪，雪峰沐日分外艳。
一时片云横遮拦，莫非雪峰也怕羞。

当行进到草原时，那嘹亮喜庆的歌声再次响起：

黑白牲畜通人情，各自排成仪仗队。
哞哞之声震草原，对着新娘在道喜。

坐在马背上的新娘边行边哭，这是藏族婚礼的习俗。人们多以为这是新娘对家人的留恋不舍，但没有人知道一个出嫁女子的内心究竟有多复杂。正因为有习俗的名义做掩饰，那新娘任由思绪泛滥，一路沾湿了美丽的衣服。

她白里透红的俊俏面容曾经露出多少明朗的笑，那时陪在身边的人可并非今天的新郎。迎亲马队行走的路线对于她不只是生于斯长于斯的熟悉，更有着说不尽的幸福甜蜜。在错那宗的街巷集市、山间水畔，那个翩翩少年曾与她一起漫步、休憩、私语，甚至彼此憧憬过一个似乎触手可及的共同未来。而今，她头顶一块象征灵魂的玲珑璁玉，接受了另一个人的心灵托付。

远方布达拉宫里的仓央嘉措看不到，仁增旺姆出嫁了。

仁增旺姆早就偷偷想象过和阿旺嘉措一起过蓝天草原、喂马劈柴的生活，只是出于矜持，又不知阿旺嘉措的意愿，所以一直按捺于心。直到阿旺嘉措郑重向她提出同样的想法，她才确定这份幸福的真实可靠。

那晚同阿旺嘉措告别后，仁增旺姆并没有把他的话告诉家人，而是自己怀揣着喜悦甜美地睡着了。夜里，她梦见阿旺嘉措拉着她的手在天上飞，雾气缭绕，缥缥缈缈的。那些云都很轻，他们像鱼儿一样在云中自如穿行。阿旺嘉措不说话，只是飞着，而仁增旺姆也不问他什么，好像牵着他的手已经足够。草原上的帐篷看不清了，街上的店铺也辨认不得，他们常去的山坡变成一片叶子落在银色的盘子里。忽然，仁增旺姆的手一滑，坠了下去，两人之间像有一股巨大的排斥力，阿旺嘉措想拉住仁增旺姆，但抵不过这股看不见的力量，不断地上升、上升。天空中传来阿旺嘉措焦灼的呼唤，声音却越来越模糊。

仁增旺姆也不知道阿旺嘉措去了哪里，她在一阵惊悸和挣扎中醒来。天蒙蒙亮，还有些发灰，望见山坡上一片雾色朦胧的粉红桃花，她心里慢慢安稳下来，脸上挂起了淡淡的笑，想起了阿旺嘉措给自己念过的诗，心道不过是个噩梦而已。

当仁增旺姆把阿旺嘉措的想法告诉家人后，她看到阿妈眼睛里闪着激动喜悦的光芒。

"好孩子，这可是件大喜事啊！你放心，等阿旺嘉措学期满了回到家里，我就请人给你们卜算生辰属相，好早点定个良辰吉日。"阿爸毫不犹豫的支持出乎她的意料。她还是涨红了脸，说着"我还想多陪阿爸阿妈一些日子呢"之类的话，但心里满满的都是幸福，迫不及待想要把这个消息告诉阿旺嘉措。

可这个发过誓、许了诺的少年再也没有出现。

3月最后的几天很快过去了，阿旺嘉措迟迟不来。大概学期将尽，他课业很忙吧，仁增旺姆等待着。

4月过半，阿旺嘉措迟迟不来，音信皆无。他该不会是生病了吧？仁增旺姆担心着，等待着。

进入5月，山谷里的桃花早已落尽，阿旺嘉措迟迟不来。他该不会是改变了主意，继续留在寺院当僧人了吧？仁增旺姆怀疑着，担心着，等待着。

直到一天，遇见上街的红衣僧人到店铺买东西，仁增旺姆抱着一线希望打探阿旺嘉措的消息。却听说他早已离开巴桑寺，前往拉萨去了。仁增旺姆怔住了，又问他什么时候回来，那僧人也不知情。

整个夏天，仁增旺姆都在犹疑、怨恨、无望和守候中辗转，最后还是继续等待，期盼阿旺嘉措能早些回来，能再出现在门前喊她的名字。

她没有等到那个少年，拉萨却传来了六世达赖喇嘛即将坐床的消息。乡亲邻里都沉浸在宗教的虔诚热情中，只有仁增旺姆独自沉浸于绝望的冰封。她没想到撞上了宿命的玩笑。她成了爱人脚下千万子民中的一个，而他已成为整个西藏的神佛，又怎能独独被她倾心拥有。什么福幡，什么诗歌，什么誓言，统统只是一个泡影，转瞬间烟消云散。

可为何五世达赖喇嘛偏偏转世为阿旺嘉措？阿旺嘉措他真的是活佛吗？她分明看到一个敏感浪漫、心地淳朴、重情重义的少年。他不该过凡人的生活吗？他们向往的淡泊宁静不才是他真正的归宿吗？走进布达拉宫的他究竟是不是有着佛爷的慈善与庄严，他还会记得自己吗？

仁增旺姆被种种困惑缠绕。咸涩的痛苦终于在那一年的燃灯节，随千万盏酥油灯火化成烟雾。风吹起人们抛撒于空中的风马经幡，在村外的神塔旁，仁增旺姆双手合十，在人群里念着六字真言，闭合的双眼中流出盈盈泪水。她决定最后一次为远方的爱人祈福，诀别。

清晨的阳光依旧如瀑布般每日倾泻至仓央嘉措的寝宫。无尽的经书也照例按部就班地进入他重复的生活。在经师面前，他还是时常厌倦，出神，起身徘徊，在老师的乞求下坐回去，佛光满眼，却好似深不见底的黑洞。

偶尔走在德阳夏广场上，仓央嘉措会伫立片刻，仰望整座布达拉宫。在高高的梁柱、深闳的殿堂衬托之下，自己竟然无限渺小。要有怎样的智慧和权力，才能在这被认为属于自己的地方找到归属感呢？也许还是要勤勉学习，等到满十八周岁才有资格掌握那份沉甸甸的权力。其实他在意的也不是所谓的政教大权，而是那份无人能管的自由。

如果真的怀有任重道远的责任意识，仓央嘉措也不愿在各种政治势力中周旋。听师尊五世班禅追溯五世达赖喇嘛与蒙古汗王斗争的故事时，他不否定谋权的计策，但自己对此毫无兴趣。他宁愿把政教当成一种佛与众生的相互关系，为百姓排忧解难，佑护每一位子民，这才是佛爷该做的事吧。

像每一个未成年的孩子一样，仓央嘉措心怀善念，天真单纯。

一日日诵经枯坐，他像只被夹起翅膀的小鸟，够不到一角天空。只有在夜里，他心中的布达拉宫才褪去禁锢的外衣。回到自己的寝殿德丹吉，侍从退到寝室门外，仓央嘉措终于得以享受一点奢侈的自在。

这个寝殿的面积并不算大，陈设都带着浓郁的宗教气息：四壁是绘着佛像的唐卡，橱柜里是各种精美的佛像。这里盛开着最美的酥油花，让仓央嘉措不禁忆起故乡的杜鹃与山桃。

酥油花是西藏特有的雕塑艺术。用牛羊乳中提取的酥油为原料，洁白柔软，按需调入矿物颜料，制成佛像、山水、动物、花卉等各类题材的精妙造型，只是以花之名供奉在佛像之前。晶莹生辉、瑰丽柔嫩的酥油花，集中体现了藏传佛教艺术中"精""繁""巧"的特点。但其制作工序复杂艰难，凝结着艺僧的滴滴心血。由于酥油花的熔点很低，艺僧们在制作时需要不断把手浸泡在刺骨的冰水中，是坚毅而赤诚的信念让他们克服寒冷完成了一件件巧夺天工的作品，谁的作品如能献给达赖喇嘛则更是无上殊荣。

眼前的酥油花恬静温暖，仿佛也有灵魂，比一些威严恐怖的宗教艺术可爱得多。想到制作它们的艺僧，仓央嘉措心里竟会升起一阵敬畏。

夜里，一个人坐在佛前，仓央嘉措常常像个局外人打量自己戏剧化的种种经历。他苦笑，佛祖却沉默不语，没有给他任何解释。仁增旺姆的身影在他心中挥之不去，即使他明知这份爱情早已没有结局。

刚来到拉萨的那些日子，他常常梦见仁增旺姆。梦里，他们有时在清静的山野，有时在熟悉的街市，有时在热闹的节庆广场，甚至还梦见她来到布达拉宫朝圣。但她似乎总是有意回避自己，他很想向她解释这一切的原委，可以的话也说说自己的苦闷，可每次走近时，她不是视而不见，就是立刻走远，脸上却挂着一丝只有他才能察觉的忧伤。

被第巴看管得严厉时，仓央嘉措无人倾诉，每想到仁增旺姆，心中便会抱怨她为何不捎来任何音讯。就算曾经关于长相厮守的诺言轻易破碎，也该看在过往的情分上来探望自己，难道她不明白自己的无奈和痛楚吗？

他还记得那时在夜里写下的诗句：

木船虽然无心，
马头还能回首望人。
无情无义的冤家，

却不肯转脸看我一下。①

野马跑进山里，
能用网罟和绳索套住。
爱人一旦变心，
神通法术也于事无补。②

  后来他才懂得，正是自己的活佛身份拦住了爱人的一往情深。那些誓言的重量怎能抵得过宗教的戒律呢？她不可能千里迢迢来到布达拉宫最尊贵的大殿找回自己的爱人，更不可能在故乡没有结果地苦守，明知他已经不再属于自己。转眼已是二八年华，婚俗不允许她再做无谓的等待，家人也是出于对女儿的爱护，接受了一桩门当户对的亲事。这些是仓央嘉措无力阻挡的。

  深夜，他望着布达拉宫高耸庄严的建筑冷笑——他是万人心中的法王，却没有能力佑护自己的爱人，没有权利选择自己的生活。

  如果把爱情置于人生的重心，仁增旺姆和阿旺嘉措，都是这场政教棋局中的牺牲品。相离流落，泪眼断肠。凡尘圣殿，天各一方。事已至此，对情人便只有感同身受的怜悯与遗憾，误会的抱怨让位给往事沉埋的低吟。从此，他只能独自在暗处眺望世上最遥远的距离。

默思上师的尊面，
怎么也没能出现；
没想那情人的脸蛋儿，
却栩栩地在心上浮现。③

---

①庄晶整理翻译：《六世达赖喇嘛仓央嘉措情诗（藏汉文本）》，北京：中国藏学出版社，2010年版，第4页。
②同上，第13页。
③同上，第6页。

> 若能把这片苦心，
> 全用到佛法方面，
> 只在今生此世，
> 要想成佛不难。①

一番百转千回后，仓央嘉措决定把心中的哀伤转化为修佛的虔诚。他也渴望自己能够拥有渊博的宗教学识，身怀绝妙法力，普度众生，为西藏谋福。于是，努力丰满自己的羽翼，等待在不久的未来接过权杖，用实力匹配自己身份的威严。

仓央嘉措在希望中等待，不断修习，这年终于等来了自己的十八岁。

却是安静的一年。

按照惯例，十八岁是达赖喇嘛亲政的年龄。可桑结嘉措没有丝毫的示意。难道是他忘了吗？仓央嘉措暗想：他对自己的职务兢兢业业，怎么可能忘记如此重要的事？十八岁的少年不愿再想下去，他隐约感到自己像一件名贵的摆设，存在只是为了显示主人的地位，至于摆放到哪里都要看主人安排。

想到师尊曾讲过，五世达赖喇嘛在十六岁就已经参加政教事务了，仓央嘉措更加不解，大家不是都希望自己像五世达赖喇嘛一样杰出吗？不开始掌握权力，怎么有杰出的机会？三年来，他又长高了许多，身材颀长，面容俊美，只是多了一层枯寂的苍白。如今这副年轻的身躯也没有意义，他不知何时才能发出自己的声音，内心唯有失落，人生是不是一个无限嵌套的谎言？

仓央嘉措并不知道，当他坐在布达拉宫日复一日地念经打坐时，整个西藏的政治局势却泛起微澜，桑结嘉措的压力也来得悄无声息。三年前，当康熙皇帝得知第巴·桑结嘉措欺下瞒上的罪责后，并没有即刻动兵，是因为刚刚征服噶尔丹，内地也需要休养生息，于是"以不生事为贵"，宽恕了桑结嘉措。但

---

①庄晶整理翻译：《六世达赖喇嘛仓央嘉措情诗（藏汉文本）》，北京：中国藏学出版社，2010年版，第7页。

后来清政府对他始终很冷淡。对于西藏两个政权派遣的使者，康熙很明显地只接见蒙古达赖汗一方，而回绝第巴一方，这让桑结嘉措很没面子。

好在达赖汗与他的父亲达延汗一样，并不热衷于插手格鲁派事务，于是桑结嘉措得以迅速壮大格鲁派实力，专注于培养仓央嘉措为继承人。但就在仓央嘉措年满十八岁时，蒙古和硕特部的"甩手掌柜"撒手人寰了。对格鲁派政权来说，每一次汗王更替都是一个机遇，当然也是冒险。虽然仓央嘉措已到参政年龄，但毕竟还是个毫无阅历的少年。桑结嘉措不愿把手里的权力交给仓央嘉措。

和硕特部政权首领的每一次变动都被桑结嘉措紧紧盯住。听说达赖汗的长子旺扎勒继承汗位，他才暂且安下心来。以他对和硕特部的了解，旺扎勒和他的父亲、祖父一样，没什么野心与城府，对格鲁派的发展有利无害。不过，鉴于多年的政治经验，桑结嘉措明白还是不宜轻举妄动，要耐心留意和硕特部的整体动向，等待时局稳定，同时也能为培养仓央嘉措争取更多时间。

可是，所谓的培养对仓央嘉措来说已经兴味索然。没有得到权力的兑现，他失去了自由的希望与学习的动力，像一个有约不来的等候者，看到长夜漫漫，月影斑驳，灯花不堪剪。

想起桑结嘉措的缄默，仁增旺姆的远去，十八岁的仓央嘉措披着一身委屈与落寞，布达拉宫里没有什么能给他慰藉。

第三章

红 尘 游

最不该卿卿我我的人常驻温柔之乡
仓央嘉措每每半夜出门,用一卷情歌烧毁了自己的宝座

——西川《反常》

看得见的烟火人间

一阵悠长的法号声划开了高原的拂晓。桑烟袅袅，天色将亮未亮，不远处的黛色山峰佛光隐现。在初秋静寂的清晨里，哲蚌寺所在的山谷中模模糊糊传来僧众的交谈声和诵经声。一年一度的雪顿节到了，晒佛仪式即将开始。

天色渐渐亮起来，仓央嘉措望着远处的山谷，心已经飞到了青草遍野的山坡上。半年过去了，桑结嘉措显然不准备将实权交予自己，他受够了枯槁乏味的生活。再这样待下去，岂不成了一枚活佛标本，与死亡又有何异？自从来到拉萨，他还没有到哲蚌寺参加过一次雪顿节，因为桑结嘉措不允许，他只会让他念经修佛。

这次，仓央嘉措无论如何要自主一回。他的生活长久以来都缺乏乐趣，十八岁以后整日百无聊赖，现在他管不了那么多了，他要下山，他要看看拉萨的雪顿节究竟多有魅力，能让无数僧众倾心欢庆。

在佛教所有戒律中，首要的一条是"不杀生"，其根源在于众生平等的慈悲精神。为此，西藏佛教还有一项特别的传统：藏历每年六月十五日到六月三十日为忌期，格鲁派大小寺院的僧侣不准外出活动。原来，这一期间正值夏季天气转暖之时，草木蓬勃，万物苏醒，是大自然各种生灵最活跃的时节，外出之人无意的步履难免会踩杀小虫等生命，所以僧侣们要在寺院里闭门静修。这被称作"雅勒"，是"夏日安居"之意。待天气转凉，进入秋季，小生灵们逐渐收敛蛰伏起来，外出的禁令自然解除。

而此时，高原上牛壮羊肥，出奶最多，正是炼酥油、做奶酪的最佳时节。那些闭门修行的僧侣们一下山便会得到百姓慷慨施与的可口酸奶，于是僧众一同庆祝，这便是雪顿节的来源。"雪顿"在藏语中意即"酸奶宴"。

最初在11世纪中期，雪顿节是一种纯宗教活动，而后逐渐结合了藏戏等文娱活动。在五世达赖喇嘛阿旺罗桑嘉措未从哲蚌寺搬到布达拉宫的时候，雪顿节主要以哲蚌寺为中心，又称"哲蚌雪顿"；他搬到布达拉宫之后，雪顿节改为第一天在哲蚌寺举行晒佛仪式和藏戏会演，第二天前往布达拉宫做专门演出。晒佛是一种宗教世俗化活动，客观上是对唐卡进行护理保养，在阳光下除湿去霉；在宗教意义上，则让各地信众有机会近距离瞻仰佛祖。晒佛和藏戏都是雪顿节中极具特色的内容，所以这个节日又称"晒佛节""藏戏节"。

天色朦胧，仓央嘉措叫贴身随从为他准备一套俗装。简单乔装打扮之后，他便顶着启明星赶往十里之外的哲蚌寺。

1416年，宗喀巴的四弟子降央曲结动工兴建了哲蚌寺。它占地二十五万平方米，是西藏最大的佛教寺院，背靠根培乌孜山，以白色为主调，远远望去，犹如无数大米堆积山腰，因与古印度一寺庙相似，便借以命名为"白登哲蚌寺"，后简称"哲蚌寺"。在藏语里，"白登"意为祥瑞庄严，"哲蚌"则意为大米堆积。

在布达拉宫修复之前，这里是二世达赖喇嘛到五世达赖喇嘛的驻锡之地，是格鲁派地位最高的寺院。寺中有大量精美的佛像与壁画，幡幢庄严，外有金顶、相轮、吉祥八宝巧饰，殿宇层叠，楼阁栉比，佛塔错落，布局宏伟。

曙色渐渐泛起，仓央嘉措必然无法及时赶到晒佛仪式的现场了。远望根培乌孜山，人头攒动。山脚下的僧人们清一色身着红袈裟，头戴黄高帽，排着队向山上走去，延绵不断。年轻的僧人们抬着一幅长长的卷起的唐卡，在高僧的诵经声中庄严前行。随行在僧人周围的，是来自各地的虔诚信徒，有的口诵真言，有的结伴交谈，脸上都流露出无与伦比的幸福。他们当中很多人前一天晚上就在山上搭起帐篷露宿，等待黎明，等待佛祖的展现。

唐卡上黄色的覆盖物由下至上一点点移开，释迦牟尼佛祖的尊贵面容在晨光照射下光辉熠熠,栩栩如生。此刻,所有的法号同时响起,人们欢呼雀跃,一面向唐卡敬献洁白的哈达,一面向空中抛撒五彩风马旗。作为人神交流媒介的风马旗,一缕缕,一片片,在清风的吹拂下,漫天飞舞,好似五彩花瓣从天上飘落,将人们笼罩在一片温馨幸福中。

无论是饱经风霜的脸,还是年轻稚嫩的脸,都洋溢着浓浓的沉醉与满足。难得能够近距离礼佛,一年只此一日,佛祖就在信众面前,光明慈祥,让他们仿佛置身圣地,体会到佛的永恒和超脱。人生的坎坷磨砺在此刻烟消云散,所有的愚昧、痛苦、无知、悲凉都化为无限的祈愿。他们捧起一条条洁白的哈达,用额头触着佛像,一遍遍叩拜。

仓央嘉措在半路停住,望着那幅巨大的佛像唐卡展现尊容,被万人簇拥膜拜。这里的礼佛与圣殿不同,少了些许肃穆庄重,更多的是尘世的欢欣祥和。所有人都沉浸在节日的欢愉中,在神佛面前没有过多的卑微,只有精神的幸福。太阳之下,佛祖的展露也给人们带来了心灵的舒展。

山上传来了说笑声,还混合着低沉的诵经声。仓央嘉措看看手上的佛珠,又打量了一下自己这身俗装,尘世盛大的幸福就在眼前的根培乌孜山上生机勃勃,这长久囚在深宫的少年眼中不觉噙满泪水:世间万物如此美妙,幸福触手可及,奈何自己身在尘世的边缘,无法走近。

与欢欣舒畅的人们相比,布达拉宫的活佛生活算得上什么?自己只有黄幡红帐,经书木鱼,世人却能享受神灵的赐福、信仰的寄托、大自然的灵动、节庆的愉悦、家庭的温馨、爱情的浪漫……仓央嘉措把尘世吸引他的所有美好一一念及,而回顾三年来的宫殿生活,除却一些鲜为人知的诗作,仿佛一潭死水。就连那些他钟爱的诗作也无不凝聚着爱而不得的遗恨,回不去的故乡,找不回的恋人,与他的余生格格不入。他对现在的生活充满怨念,恨不得立即抛下活佛的一切,扎入红尘烟火,再也不回所谓的日光圣殿。

用衣角拭了拭泪,仓央嘉措继续朝哲蚌寺前行,希望赶上即将开始的藏戏会演。

能歌善舞是藏民族的天性,节庆时的西藏自然就成了美丽的歌舞海洋。藏戏，在藏语中称"阿吉拉姆"，意为"仙女大姐"。噶举派高僧汤东杰布是藏戏的祖师。在他的主张下，僧人们走出经堂和修行洞，帮助百姓解除生活的困苦。他一生最大的善举是为西藏修建了诸多桥梁，为了募集修桥的资金，他便组织山南七姐妹组成剧团到各地募捐演出，并不断完善戏剧的艺术形式，这便是藏戏的起源。

一代代藏戏艺人不仅传承了高原特有的审美艺术，也让古老动人的民间传说、历史故事和佛教经典得以在后世流传，故有"西藏文化活化石"的美誉。

1642年，五世达赖喇嘛在哲蚌寺建立了格鲁派政权。为了彰显他对佛教僧众的关怀，在雪顿节开始时，他安排了野牦牛舞、工布地方的羊皮腰鼓和白面具藏戏做吉祥仪式表演，同时又选出最著名的四出蓝面具藏戏为僧众进行表演。其中，藏戏表演最受民众欢迎。从此，每年藏历七月一日，哲蚌寺在晒佛仪式结束后都会有藏戏献演，后来，各大戏班在第二天还会到布达拉宫专门为达赖喇嘛呈献各自的拿手好戏。

但仓央嘉措始终觉得，来到布达拉宫表演的藏戏总是有太多的等级暗示。连欣赏一出精彩的歌舞表演都要端坐在庄严的宝座上，穿着打扮时刻向自己和众人提醒着身份的高贵。他不愿意接受演出的敬献之名，自己有什么资格来专享如此曼妙盛大的艺术？他只想做个无声的观众，不被人注视，专心沉醉于唱腔的优美和舞姿的灵动。

这天来到哲蚌寺才终于实现了夙愿。仓央嘉措用衣服稍稍遮着脸庞，甘丹颇章庭院里聚满了人，没有谁会认出和他们一样身穿节日盛装的达赖喇嘛。人们提着酥油桶，带上酥油茶，在宽阔的场地上铺好崭新鲜艳的卡垫，摆上果品佳肴，席地而坐，一边观看藏戏，一边饮着酥油茶。

仓央嘉措来到人群中，好不容易找了个空处坐下。此时，鼓声、钹声一响，会演拉开帷幕。披红挂绿、头戴面具、手持彩箭的一队演员首先走入场地，后面两人头戴红帽，穿着古老部落的头人服装，几位仙女扮演者尾随其后，衣袂飘飘。所有观众都安静下来，聚精会神地看着场地中央。在礼赞神佛与藏戏祖师汤东杰布的画像后，演出正式开始了。

第一场戏是著名的《诺桑王子》，由佛教神话改编而来。它是一部人神相爱的佳作，很早以前就是西藏人民雅俗共赏的剧目。到1642年五世达赖喇嘛时期，日喀则著名学者定钦·次仁旺堆根据藏译佛经《如意藤》和藏书《释迦百世本生传》等经书改编整理为更通俗的藏戏蓝本。

故事发生在久远的从前，有南北两个国家。南方国家叫日登巴，北方国家叫额登巴。最初，两国一样富饶兴旺，人民安居乐业。但后来随着王位的传承，南国的新国王暴虐无道，又遭逢当时水旱灾害连年不绝，庄稼歉收，南国人民为了维持生计不得不逃往国外。愚蠢无知的新国王以为，国家破败的原因是本国的神龙迁移到了邻国的神湖，于是派巫师珠那噶曾到北国神湖中施法拘龙。

龙神预料到大难降临，便向渔夫邦列金巴（有些译本中邦列金巴为猎人，本书取"渔夫"一说）求助。勇敢的邦列金巴趁巫师驱赶龙神无暇他顾时，一把抓住他的锁骨，命令他撤出法术和拘捕工具。龙神得以安宁后，邦列金巴将巫师一刀杀死。为了感谢邦列金巴的搭救，龙神送给他一件名叫"桑木派"的至宝，意为"诸事如意"。

邦列金巴带着珍贵的宝物去拜访深山中的隐士洛珠日赛，路途中偶然遇见在神泉中沐浴嬉戏的天神七姐妹。其中楚楚动人的仙女依楚拉姆让渔夫一见倾心，他愿意倾其所有来换取与她在一起的机会，哪怕是龙神送给自己的"桑木派"。他将这个想法告诉隐士，但隐士说"桑木派"也不能帮他捉到仙女，要用捆仙绳才行。渔夫于是拿着用"桑木派"换得的捆仙绳赶到湖边，捕获了神泉中的依楚拉姆。

可邦列金巴遇到了最遗憾的事情——依楚拉姆宁死不肯嫁给他。世上最难征服的莫过于心灵，捆仙绳能捆来自己喜欢的人，却捆不来爱的回应。隐士洛珠日赛又出面指点渔夫，建议他将仙女献给北国王子诺桑。

就这样，诺桑王子迎娶了美丽的依楚拉姆。隐士果然神通，两人婚后恩爱无比，形影不离。但他们的幸福引起了后宫嫔妃的嫉妒，因为诺桑王子眼中只有新人依楚拉姆，把其他妃嫔都抛诸脑后。于是她们在宫中散布谣言，诋毁依楚拉姆，但仙女的善良人所共知，没有谁相信嫉妒者的谎言。长妃顿珠白姆暗中策划想除掉依楚拉姆。她请巫师施法编造了边境动乱的传闻，老国王被施

第三章 红尘游

法术,噩梦连连,精神恍惚,于是信以为真,派诺桑前往边地降魔。王子临行前,巫师又极力从旁阻拦依楚拉姆随行。

难舍难分之际,王子担心爱妃的安全,就拿出了依楚拉姆寄存在自己那里的一串璎珞。只要戴上这串璎珞,依楚拉姆就可以飞回天国。王子将它郑重交给自己的母后,恳请她保护依楚拉姆在危急关头不受伤害。

诺桑王子率兵启程后,长妃顿珠白姆带领后宫妃嫔,调集大批军队将依楚拉姆的居所围得密不透风,凶恶地声称,只有挖出她的心肝献给国王治病,才能免除一切灾厄。母后见依楚拉姆性命难保,便拿出璎珞,让她飞回天国。

来到边境的诺桑王子并没有见到敌人进犯的迹象,反而一片祥和,便日夜兼程赶回王宫,却发现依楚拉姆已经失踪了。怀着对恶人的怨恨和对爱妃的思念,诺桑王子独自一人离开王宫,踏上了寻找依楚拉姆的漫漫长路。翻越过险峻的高山,穿行过苍凉的荒野,探寻过野兽出没的森林,却都没有看到爱人的身影,他不知道,这些都是依楚拉姆的父亲为考验他所设的障碍。

直到抵达天宫,王子才见到他朝思暮想的依楚拉姆。但仙女的父亲又对王子提了许多要求。最终通过赢得射白杨、抛彩箭等比赛,诺桑王子才如愿带回依楚拉姆。事情真相大白,以顿珠白姆为首的恶人得到相应的惩罚。老国王将王位传给诺桑,依楚拉姆成为王后。在他们的治理下,北国人民更加幸福安宁。

依楚拉姆戴着五佛冠,耳畔的彩虹冠带随着舞姿轻飘慢转。她步子轻快,手势温柔,氆氇短褂上绣着古老的传统图案,在旋转中增添了戏剧的神秘气氛。鼓点越来越密,她抿起嘴,眼神顾盼生姿,在场地中翩翩起舞,雪白宽大的水袖被清风吹满。身穿赤金长袍的王子隔着一道雾帐遥望仙女,含情脉脉。

尽管每一个情节,甚至每一句台词都为观众所熟知,但每年他们还是扶老携幼,围坐在哲蚌寺庭院里,心情随着主人公的命运起起伏伏。

甘丹颇章宫共三层,每一层回廊都挤满了观众。仓央嘉措问身边摇着转经筒的老人:"每年都这么多人吗?"老人笑着说:"可不是嘛,人多要提前占座呢。你是外地人吧?第一次来雪顿节?过雪顿节不看藏戏,那和过年不吃古突①有什么两样啊？"仓央嘉措憨笑，默认老人家说得对。老人又盛了一碗酥油茶给他，仓央嘉措感激地接过，轻轻吹着碗里的油花，享受着难得的惬意，呷上一口，他只觉喉咙哽住了——这味道他太熟悉，久违的亲切的茶香飘满了童年的回忆。这种茶，巴桑寺做不出，布达拉宫更做不出，只有像阿爸阿妈一样朴厚的人才能酿出这种香醇，那是粗粝中温厚的浓香。

　　生活难道不应该像这天一样丰富充盈吗？拥抱阳光，也亲近尘土，风霜雕刻，却常怀感动与知足，与身边的同胞分享快乐，一份单纯的信仰就足以持守一生。这一天的出行为久在樊笼里的仓央嘉措开启了一扇宽阔明净的窗。在拥挤喧腾的庭院里，他尽情呼吸喜悦的空气，又露出了孩子的笑容。他起身融入一群载歌载舞的青年中，在往来的人群中彼此撞触着肩膀，像个微醺活泼的浪子，他兴奋的心早已在多彩的尘世恣意舒展。

　　不过仓央嘉措不能流连太久，他要在暮色降临前赶回那座恢宏的"樊笼"，免得桑结嘉措过问，再带来不必要的谈话。第二天他还要盛装出现在布达拉宫广场上，观看为他特别呈现的隆重表演，虽然内容与哲蚌寺演出没什么不同，气氛却相差万里。他现在需要人间的生气来驱赶宫殿里让他窒息的沉闷。

　　夜里在寝宫，仓央嘉措因白日的兴奋一时难以入眠。日光中含笑的佛祖，苍老却慈祥的老人，生动传神的歌舞，还有温热香浓的酥油茶，在他脑海中一遍遍重现。那才是真正的人生，那里有触手可及的感动和喜乐，热闹是真实的，安宁也是真实的。

　　他迷恋那些能歌善舞的演员，他们生命中流动的热情让他欣羡不已。不知为什么，他对《诺桑王子》中渔夫的角色印象颇深，他总是回想着渔夫忍痛将仙女送到诺桑王子府上的一幕。渔夫放弃龙神赠予的珍宝，把仙女带到自己身边，却不能俘获她的芳心，无奈之下只好成全她与别人的爱情。看着心爱的仙女与王子相亲相爱，渔夫只能卑微地退到一旁，独自啜饮悲苦。仓央嘉措感到

---

　　①古突：藏族人过藏历年时必吃的年夜饭，是用牛羊肉、萝卜、面团及其他作料做成的汤食。

他戴着的蓝色面具满是忧伤。人们都为王子与仙女的爱情波折而心潮起伏，只有仓央嘉措对渔夫深怀同情。

为此，他还写下一首诗：

情人依楚拉姆，
本是我猎人捉住，
却被权高势重的官家，
诺桑甲鲁夺去。①

经历过爱而不得的痛楚，仓央嘉措理解渔夫的失落。对"权高势重的官家"的怨愤，既是渔夫的不平，也是他自己的不满。他早已不是山南那个无名的牧羊小子，却也无缘再见故乡的恋人。

在佛教关于人生的基本观念中，有"八苦"之说，包括生、老、病、死、怨憎、爱离别、求不得、五盛阴苦（人皆受色、受、想、行、识五种因素制约，生灭变化无常，盛满各种身心痛苦）。凡是在轮回中未得解脱的生命，无不受到这些苦的折磨。修习佛法，就是为了寻求从苦中永久解脱的智慧。

可是永久解脱之后，生命还剩下什么呢？生命的幸福与痛苦一定是如此对立的吗？从痛苦中解脱的人是不是也对幸福、感动、欢愉都失去了感知呢？这些感知都要被视为"折磨"吗？仓央嘉措迷惑了，他分明看见尘世的烟火如酥油花一样生动绚烂，那是生命的色彩。

---

①庄晶整理翻译：《六世达赖喇嘛仓央嘉措情诗（藏汉文本）》，北京：中国藏学出版社，2010年版，第10页。

龙王潭里恣欢谑

自从从哲蚌寺的雪顿节归来，仓央嘉措对圣殿生活更加厌倦。与尘世短暂的接触唤起了他还是阿旺嘉措时的生活记忆。尽管巴桑寺也有戒律规矩，但与布达拉宫相比不知要自由多少。那个年少的阿旺嘉措是那么纯粹、细腻、浪漫，难道仓央嘉措就注定要在无畏宝座上枯萎成佛？佛不该回避尘世，佛只有经历一切才能看透一切。仓央嘉措计上心来。

虽然眼下的政治需要桑结嘉措密切关注，谨慎行事，但精明的他没有忘记身边这个未得实权的六世达赖喇嘛。最初不让仓央嘉措及时掌权，是怕他应付不了蒙古部落多变的局势，久而久之，桑结嘉措发现自己沉浸在执掌权柄的快乐中。利用在职的便利，他轻而易举地把自己的喜好布局在整个西藏的建构上。一览江山，享受着子民们的歌功颂德，尤其每次站在崭新宏大的布达拉宫上俯视，他便被丰盈的满足感包裹，忘记了五世达赖喇嘛的长久托付。

好在仓央嘉措并没有什么热衷权力的表现。桑结嘉措想，只要无损于格鲁派威严，也不影响自己掌权，可以试着放宽对这个少年的限制。

这天，他来到德丹吉殿看望仓央嘉措，试探着问道："佛爷最近过得可好？"

"你说，怎么算过得好呢？"仓央嘉措撇开手中的经卷，说，"我成年累月坐在这里，不生病就已经是佛祖佑护了，哪里还指望过得好？"

"佛爷请息怒。在这只是请您静心学经，绝无亏待之意。佛爷您需要什么，尽管交代。"

仓央嘉措直截了当："听说布达拉宫后面有个园林，我要到那里散散心。"

"这个……如果别人见到佛爷您……"桑结嘉措眉头一皱，唯恐仓央嘉措出乱子。

"佛不是也要游戏三昧吗？放心吧，我换上俗装不就可以了嘛。"

在重修布达拉宫的时候，曾在后面的山脚下大量取土，月月年年最后挖出了一个长方形大坑。佛香袅袅的经房建好了，朴素清静的僧舍也建好了，这时，山下的大坑已经汇集了泉水和雨水，无意间成了一个湖。一潭如镜，倒映着布达拉宫壮丽的影子。

随后，人们就围绕这个湖栽种杨柳，垒砌小山，建起阁楼，囊括周围清新的风景修成一座园林，名叫"宗角禄康"，意为"宫堡后面的鲁神殿"。鲁神是苯教和西藏佛教中对居于地下、水中一类神灵的统称，泛称龙神。宗角禄康因此也称龙王潭。

湖中心是一座小岛，呈不规则圆形。葱茏茂盛的草木环绕着碧水清波，湖光山色一派盎然。在岛上依照佛经中的"坛城"模式建有一座阁楼。所谓坛城，就是梵文音译的"曼陀罗"，是诸佛菩萨聚集的空间，佛教的理想国度，用形象表现佛智与道果功德。阁楼向南，共有三层：第一、二层为全对称十字形布局结构，中心为四柱小殿，殿外回廊环绕，正是观景佳处；顶层为六角形小殿，上覆六角攒尖屋顶，斗拱承檐，雕梁画栋，富丽繁华。阁楼外，一座二十多米长的五孔石拱桥从小岛伸向水畔。

想不到庄严的红山之下还有如此幽静之地，仓央嘉措像一只刚从笼中飞出的鸟儿，振着双翅拥抱自然。传说，仓央嘉措从墨竹工卡迎请了墨竹赛钦女神和八龙供奉在阁楼之中。墨竹赛钦本是苯教女神，曾与吐蕃时期著名的赞普赤松德赞相爱。莲花生大师入藏后，在降妖伏魔的过程中拆散了这对恋人，并命墨竹赛钦到拉萨东边守护那里的生灵，那里因此被命名为墨竹工卡。

从此，龙王潭成了苦闷活佛的消遣娱乐之地，他借着这一角天空排解长久累积的压抑与孤独。随从为他从拉萨街市上买来贵族穿的袍子，松石耳坠，玛瑙戒指。打扮停当，仓央嘉措俨然成为一个风流倜傥的贵族少爷。他展开双臂，低头打量着自己周身的装饰，没有一处不让他满意。一声大笑后，仓央嘉措带着随从大步走出德丹吉殿，向山下的龙王潭潇洒而去。

往后的布达拉宫里，常常能看到一个身穿浅蓝绫子薄藏袍的青年，长发垂于耳际，满手戒指，左右跟着几个穿着不伦不类的仆人，背着箭筒在一座座佛堂前招摇而过。而那个身披绛红袈裟，戴黄帽佛珠，满面枯槁的六世达赖喇嘛，那个让格隆嘉木样扎巴心生怜惜却无计可施的少年，已经很少出现了。

仓央嘉措游戏作乐的行为，令宫中很多僧人侧目而视。可是他并没有听到来自桑结嘉措的一句非议，便不顾其他人的态度，继续在园林中放鸟枪、射箭、划船。一个人游乐不够，仓央嘉措想召集更多的年轻人来此聚会，就像节庆里的男男女女一样载歌载舞，他想念尘世的欢乐。

贵族少爷小姐带着美酒佳肴来到湖畔，拉萨街头的青年带着舞乐来到林间。六弦琴比树上的鸟啼还要悦耳，年轻的舞姿比翩跹的蝴蝶还要灵动，一支支青春舞曲混合着杯盏的推碰声在潭水中央回荡。人们只知眼前的风流少年名叫宕桑旺波，不知道他们敬畏的雪域法王早已成了神坛的叛逆者。

人们只看到他沉醉于美酒丝竹，谁又晓得仓央嘉措无处安放的苦闷？在内地的建安时期，曹操的爱子曹植曾以满腹才华闻名于世，俨然天下豪俊，然而兄长曹丕继位后，曹植和其他手足被赶回各自封地，由监国使者统一管制，无召不得入京，田猎不得出三十里，军队不过数百，皆为老弱病残。以后的日子，正像他在《名都篇》中所写：

> 名都多妖女，京洛出少年。
> 宝剑值千金，被服丽且鲜。
> 斗鸡东郊道，走马长楸间。
> 驰骋未能半，双兔过我前。

第三章　红尘游

揽弓捷鸣镝，长驱上南山。
左挽因右发，一纵两禽连。
余巧未及展，仰手接飞鸢。
观者咸称善，众工归我妍。
归来宴平乐，美酒斗十千。
脍鲤臇鲐虾，炮鳖炙熊蹯。
鸣俦啸匹侣，列坐竟长筵。
连翩击鞠壤，巧捷惟万端。
白日西南驰，光景不可攀。
云散还城邑，清晨复来还。

风流英俊的京洛少年，日日斗鸡走马，饮酒作乐，无非是想用虚空奢靡的生活掩饰无用武之地的忧愤。忧愤总是相似的，郁郁不得的不仅是抱负，也是自由。这种心境，龙王潭里的仓央嘉措最能体会。他只有用歌舞酒宴将苦闷掩盖、消除、忘却。

端起一碗青稞酒，风从湖上吹来，迷离了仓央嘉措的双眼。波光潋滟，乐声萦绕，他沉醉在一片狭小的"世间桃源"中，做着繁华明丽的美梦。酒中可曾倒映着他隐秘的叛逆与伤愁？举起酒碗一饮而尽，微醺的面容泛着红光，抬起头的一瞬，仓央嘉措怔住了。茵茵绿草上，一群年轻人弹琴跳舞兴致盎然，一位红衣女子拂扬衣袖，点步转身，像一朵流动的彩云。弦弦悠扬，舞姿圆润，舞者十几人，仓央嘉措眼中却只有这一个飘逸轻扬的倩影。

善舞的少女让他想起了远在错那宗的仁增旺姆。早已嫁为人妇的她，不知如今过得是否幸福。他已经不再奢望今生能再见到她，她永远不会出现在龙王潭水畔的草地上翩翩起舞。那是一个遗失了太久的梦，已经看不清去向，已经无法追回。可人生总会出现新的路口，每一段路都有不同的际遇等着自己。

锦衣丝履的少年放下酒碗，向着草地上的一抹红云飘去。

红衣女子有个美丽的名字——达娃卓玛,"达娃"是"月亮"的意思,"卓玛"意为"度母"。她不是拉萨人,她的故乡在山南琼结。提起山南,仓央嘉措心中泛起了莫名的亲近感。提起琼结,那正是自己的前世五世达赖喇嘛罗桑嘉措的故乡。在佛堂上,他心中并不认为自己是罗桑嘉措转世,可面对琼结佳人,他竟下意识默认如此,为了理所当然地将这视为一种注定的缘分。

琼结坐落在西藏南部谷地,雅鲁藏布江之南。琼结是藏语音译。一说结余琼果区和哲古草原之间的琼布诺布山上有一肘长的宝石,宗名就源于此,意为"宝兴";一说原来宗政府所在地青瓦达孜宫形如狮子腾跃雄踞,"琼结"即"雄踞"之意。那里河水清澈,天光云影倒映其中,视野辽阔,山矮云低,仿佛举手就可以摘下闪烁的星辰。就是在那里,西藏建起了第一座城堡,吐蕃赞普家族墓群依然显示着昔日的强盛。松赞干布与文成公主、尺尊公主的合葬墓高大壮观,十几座寺庙香火不绝,佑护着一代代琼结百姓。

又传说,琼结地区多有佳丽。仓央嘉措早把这份情缘写于诗中:

拉萨熙攘的人群中间,
琼结人的模样儿最甜。
中我心意的情侣,
就在琼结人的里面。①

傀桑旺波和达娃卓玛之间点燃的火花给龙王潭增添了更多热情。湖心小岛果真成了极乐世界,只不过飘满了人间烟火的繁华与奢靡。在风和日丽的白天,在月光皎皎的夜晚,龙王潭笙歌不断,酒酣意浓。仓央嘉措在这里化身为王族公子,龙王潭则是少数贵族专享的游乐之地,平民百姓是无缘一见的,他们不曾知道墨竹赛钦女神身边围聚了一群消遣的贵族,不知道活佛就是最大的组织者,不知道他们心中庄严的圣殿正倒映在一片歌舞升平的湖面上。

---

①庄晶整理翻译:《六世达赖喇嘛仓央嘉措情诗(藏汉文本)》,北京:中国藏学出版社,2010年版,第17页。

以流转的双眸、圆润的舞姿、如花的巧笑,美丽的琼结姑娘驱散了仓央嘉措心中长久沉埋的失意。他们划着牛皮筏,在弯月般的桥洞下共看湖光山色;漫步林间,在杨柳堆烟处听莺声燕语。

舞会结束,傥桑旺波目送达娃卓玛离去,依依不舍,姑娘的背影仍在眼前,便又想着第二天的相会。只是他不便让达娃卓玛知道他的身份,每每托词要最后离开,只为了多看看她的背影。人去园空之时,静静的阁楼,如镜的潭水,一整天的欢愉仿佛梦一样让人怀疑它的真实。傥桑旺波晃着微醉的身子,天上繁星流动,像在乌坚林,像在错那宗,像在浪卡子,似乎他经历的一切过往中,浩渺星空是永恒的背景。

踏着月光走上山坡,小路通向另一个世界,他要回到那里扮演圣殿中的活佛。

桑结嘉措不是没有听到布达拉宫后的歌声,不是没有看到满手戒指、满身酒气的仓央嘉措,只是他想还没到要提醒少年的地步。龙王潭的宴饮反而可以当作一种弥补,安抚少年的孤愤。

仓央嘉措以傥桑旺波之名找到了青春的狂欢乐园。无论是真是假,无论短暂持久,他都愿意沉醉下去,毕竟这是能让他摆脱束缚的唯一一片天空。他的诗歌也终于不再满纸寥落,像回到了裹挟着甘露与花香的初恋,创作迎来了丰收的季节,只不过比那时多了一份洒脱。

酒肆夜色未央时

梦中情境，虚虚幻幻，让人不知身在何处，甚至不知自己经历的一遭是真是假。人生缘何有如梦之感呢？大概在于它比人们想象的更跌宕、跳跃，超脱现实。有时，人们对自己正在经历的事情浑然不觉，直到歧路转角，又启一程之前，蓦然以旁观的视角回望，才会对曾经的世界和自己讶异唏嘘。世间万事，熙熙攘攘，浩浩荡荡，终究不过大梦一场。

在一个清风拂面的日子，仓央嘉措如平常一样一身华贵来到龙王潭御园时，忽然发现人群中的达娃卓玛消失了。

他又从一场梦中醒来。

走出回廊，穿过小桥，仓央嘉措走向草地上正在欢快起舞的男男女女，拉住每一个人询问达娃卓玛的消息。听了很多人重复着同一个事实，他才终于相信：达娃卓玛被她的阿爸带回琼结去了。

琼结，那是一个多么遥远的地方。自从来到布达拉宫，龙王潭几乎算是仓央嘉措活动范围的边界了。达娃卓玛怎么可以就这样不告而别呢？难道她只把龙王潭的贵族青年当作游戏人间的过客？为什么浪漫美好的日子不能长久些，难道自己注定要在爱的旅程中颠沛流离吗？仓央嘉措恍然了悟：对整个西藏，自己的身份只有一个，那就是雪域法王。法王永远无法像凡人一样实现自己的尘世欲望，因为在人们眼中，活佛不该有凡人的生活。

没有情人的园林，就像丢失了一潭碧绿澄澈的湖水，草色无光，莺燕失语。琴声依旧萦绕在水上，歌声依旧飘向远方，舞蹈依旧翩然轻扬，可仓央嘉措没有一点宴饮游乐的兴致。偌大的园林里，处处找不到她，又处处是她——哪里都留下过他们的影子，他们的笑声与絮语仿佛还在昨日的梦境中隐现，触之即伤。在与达娃卓玛相依相伴的日子里，他从没想过未来的可能，只沉浸在来之不易的欢愉中，仿佛这份浪漫能够恒久。

直到一切戛然而止，仓央嘉措才如梦初醒，孑然独立于梦外，只剩一身冰冷。他恍然发觉，在五年前，得知自己是五世达赖喇嘛的转世灵童时，也是这般错愕的感觉——就像被一个熟悉亲切的世界彻底抛弃了。而人往往后知后觉，清醒些时日，才更觉得孤独凄苦。

这段不短不长的爱情又一次让仓央嘉措憔悴下去，他已经许久不去龙王潭了，一来怕触景伤情，二来也无心游乐。宕桑旺波的装扮被弃置一旁，活佛又恢复了往日的枯槁，雕塑般坐在大殿里，无心地诵经念佛。

仓央嘉措的贴身随从最早注意到了他的情绪变化。在他们眼中，佛爷虽然行为放纵，但对仆人和善可亲。在布达拉宫里，仓央嘉措一直过着质朴的生活，他确实不习惯尊贵的配饰和排场，也从心里抵触外表被尊为活佛，实际被当作傀儡的事实。不得不参加一些讲演时，他坚持徒步，拒不骑马，也不允许大批官员前呼后拥。在寝殿里，他自己为自己沏茶，不用仆人忙前忙后。无论什么人到他那里，仓央嘉措都欢迎与来者分享他的茶。茶叶是清朝皇帝对达赖喇嘛的贵重赏赐，普通人是没有口福的，而仓央嘉措并没有把这当作自己的专享。随从拉旺还记得，有一次，仓央嘉措不无感伤地对他说："什么时候来我这闲聊谈心的人能像添灯上香的人一样多呢？"去哲蚌寺过雪顿节的那天，去龙王潭宴饮宾客的日子，佛爷发自内心的快乐都写在脸上，拉旺也都看在眼里。

如今，看到佛爷俊美的面容又露出曾经的苍白，他心中也为之焦虑。

一天，仓央嘉措拖着无精打采的身躯将要就寝时，拉旺见四下无人，便对他说："佛爷这些日子瘦了许多，想必心情并不好。"

"是啊。难为你每天服侍一个行尸走肉了。"仓央嘉措叹了口气。

"佛爷千万别这样讲,服侍您本是我的荣幸。我是怕长此以往,您身体消受不了。我想,您既然可以换上俗装到龙王潭,为什么不能下山去拉萨街上散散心呢?"拉旺小心翼翼地道出了为佛爷想出的办法。

仓央嘉措一怔,他先想到桑结嘉措一向的严肃,令人敬畏又憎恶。转念一想,自己是名正言顺的六世达赖喇嘛,连随从都敢想的事情,如果真的做了,即使是第巴又能把自己怎么样呢?仓央嘉措看了看眼前弓着身子的拉旺,第一次给自己找来俗装的是他,陪自己射箭背箭筒的是他,看过自己写诗的也是他。在布达拉宫,如果真要找出一个能算作朋友的亲近之人,恐怕只有眼前一人了吧。仓央嘉措眼中闪烁着光亮,自顾自地点了点头:"嗯,我知道了。你也休息吧,有事我会吩咐你。"

拉旺默默退了下去,他听得出来,佛爷说最后一句话的气力已经透出了喜悦。

仓央嘉措想起了雪顿节看到的尘世模样。无论错那宗还是龙王潭,在他的生命中都已然成为定局。他已经明白自己永远得不到长久的爱,那么索性了断这个念想,专心活在当下,及时行乐吧。

拉萨城区里,三条转经道整饬有序地环环围绕在大昭寺之外。内圈太短,有失诚意之嫌;外圈太长,又恐怕身体难以消受。中圈八廓街便是适合大多数信徒转经朝拜的"圣路"。仓央嘉措对八廓街知道得并不多,好在随从早已把市区的路线一一介绍给他。这次,随从没有跟来,仓央嘉措想一个人走走,就像从巴桑寺到错那宗街市一样。他心里萌生了一个大胆的念头:要把来拉萨之前的自由快乐都找回来。

于是,一个身着绛紫色氆氇长袍,腰系蓝色绸缎,脚蹬高筒牛皮靴,满指戒指,头戴宝石的贵族青年出现在八廓街街头,环顾四周,一副初来乍到的模样。在他不远处,那么多的男女老幼在石板路上磕着长头,五体投地,此起彼伏。他们忏悔往事、修积功德、企求神灵的佑护,朝着大昭寺,几百几千次地磕下去。仓央嘉措心想,有多少人也是这样朝拜布达拉宫,朝拜自己的呢?亲眼看着众生虔诚而卑微地祈祷，作为全西藏人的法王，仓央嘉措却感到无能为力。他自己就是个不幸之人，尚且不能摆脱苦厄，又如何帮助别人获得幸福？

除了转经人在这里日复一日顺时针绕着，八廓街上还排列着五花八门的店铺，只是相比错那宗仁增旺姆家的那个杂货店，这里要繁华得多。

氆氇店门口的毛织品色彩斑斓，店主却一身素衣坐在角落里，只要有客人登门，他便从氆氇堆中站起，脸上灿烂的笑容一点儿不逊于氆氇的绚丽。卖珠宝饰品的老板娘摆着一串串念珠、绿松石耳环、琥珀头饰、珊瑚项链，在高原的光影中，它们发出圣洁纯美的光芒，远远地吸引着来客。可是它们大多数都比不上仓央嘉措佩戴的珠宝玉石更光耀夺目。佛像上的献礼，灵塔上的镶嵌，所用的都是世间珍宝，人们将最贵重的财物悉数献给信仰，而作为法王的仓央嘉措竟穿金戴银地游戏人间。想到这，他不禁苦笑，打饰品店前匆匆走过，不想引起过多的注意。

仓央嘉措一袭绛紫长袍的身影渐渐融入热闹的街市上。身后，几个孩子欢快地玩耍嬉闹，几缕桑烟悠悠地升腾弥散，卖唱的艺人抱着扎木念唱着古老的歌谣。

八廓街转角处，仓央嘉措在一座小酒馆前停下了脚步。从酒馆里飘出的鼓乐歌声吸引了他的注意，他又想起众人在龙王潭的日子，刚想离去，只听里面唱道：

金色凤凰筑巢的地方，金色龙驹降生的地方，
在建筑金色宝殿的地方，是仙人诞生的地方。
金色凤凰筑巢的地方，金色龙驹降生的地方，
在那没有月亮的晚上，是我们谈情说爱的时光！

像是隐秘的巧合，仓央嘉措听到这段情歌不由得心头一颤，似乎歌里唱的正在影射自己。他从"金色宝殿"联想到了整日拘束自己的布达拉宫，"谈情说爱的地方"正好对应了他急切的入世之心和青春萌动的情愫。怀着一份好奇，带着一丝莫名的期待，他一头扎进了热闹的酒馆。

这是一个真正的青春世界。高雅的宾客，疏狂的酒徒，活泼的歌手，窈窕的舞者，拉萨能歌善舞的青年男女不论门第、不分阶层，都不约而同地聚集在此，青春的欢乐与不熄的热情给小酒馆笼罩上一层浪漫的色彩。

女店主便是将这群年轻人聚合起来的桥梁。看得出，她是个善于交际的女子，脸上始终挂着温暖如春的笑容，对不同客人有不同的交流方式，不卑不亢，举止得体，温婉大方。她自酿的青稞酒酸甜清凉，入口醇香。显然，没有这样的一个店主提供自由愉悦的环境，拉萨街上就少了一群年轻人的欢乐，八廓街也将失去一道独特的风景。

邂逅了这一群热情洋溢的同龄人，仓央嘉措才感到先前龙王潭里的天地有多么狭窄，贵族的宴饮有多少粉饰。相对于这八廓街上，龙王潭御园的欢乐何其有限，即便能给自己带来暂时的解脱，日子久了，上流贵族的奢靡也难免让人感到无聊空虚。贵族子弟、高僧俗官的世界并不丰富，缺乏经历的生活是苍白单调的，只有走进尘世烟火，走入人间万象，才能看到生命的广阔与生机。

一心向往自由的仓央嘉措很快融入到酒馆的年轻群体当中。玉树临风，彬彬有礼，一身华贵的服饰并不显得骄矜高傲，反而在映衬中更加慷慨随和，这是酒馆中人对贵族宕桑旺波的一致评议。宕桑旺波，仓央嘉措沿用这个名字，仿佛它是一件比俗装还重要的魔法外衣，披上它立刻就从禁锢的圣殿穿梭到风流的凡尘。他爱上了这家酒馆，不如说爱上了尘世的欢歌；他丢下活佛的宝座，不如说这家酒馆就是他信仰的圣殿。

风流倜傥的宕桑旺波一出现，犹如一缕清风吹开了女孩子心中的涟漪，以至于有那么多钟情的姑娘围绕在他身边。她们的名字与身世已经交缠在一处，无法悉数分辨，所有的传说逸事都消融于拉萨酒馆的酒壶杯盏，隐遁在仓央嘉措诗歌的字里行间。

至于身在凡尘的宕桑旺波，这个从佛床上蜕变而来的叛逆浪子，在压抑与痛苦中辗转之后，终于毅然决定与这个世界游戏相待，面对一个永远求而不得的奢望。这便是他能做的一切。

小酒馆的生活改变了仓央嘉措的世界。民间的快乐最直接最普遍地体现于歌和酒，而这两者往往在夜幕下登上欢愉的舞台。夜晚是酒馆最欢畅的时刻，白日的约束、疲惫、伪装在此时都将得到彻底的释放，人们扔下生活的枷锁，在酒馆香醇的气息与动人的氛围中呈现出一个本色的自我。仓央嘉措也是这样，以做布达拉宫的法王为人生的枷锁，夜间便到小酒馆与同道青年对歌斗酒，做回他心中那个快活自如的浪子宕桑旺波。

布达拉宫里的人发现，佛爷最近气色好了许多，不再像前些日子那么忧郁憔悴了。偶尔带上随从去龙王潭射箭，偶尔也翻翻经书，和经师们辩论佛法，虽然不算勤勉，但看上去也没有什么过分违戒之举。他们能看到的只有这些，看不到仓央嘉措悄悄在布达拉宫后墙为自己开了一道小小的侧门；看不到每当夜幕降临，诵经声渐渐归于平息，宫殿的大门一道道关起，他们的佛爷就换上另一身行头，握着秘密的钥匙打开侧门，下山而去；看不到在启明星的辉映中，一个满面沉醉的青年悠然回返，沿着原路回到德丹吉殿。

唯一知道这个秘密的，大概只有每个拂晓准时守在门口的老黄狗了。狗是通人性的动物，在普遍信仰宗教的西藏，狗尤其得到善待。有人活动的地方都能看见各种活脱灵性的狗，而狗最多的地方当属拉萨。有些居民养狗生仔，无力多养，又不忍心抛弃街头，就送到拉萨各大寺庙，也当作是一种放生。守门的这条老黄狗似乎已经与仓央嘉措达成了默契。每当看到熟悉的影子出现，它便起身摇着尾巴，看着仓央嘉措开锁，进门，然后俯身温和地摸摸自己的脑袋。这期间，人与狗都缄默不言，不约而同地维护着他们之间的秘密：

须毛满腮的老狗，
心眼比人还机灵。
别说我黄昏出去，
回来时已经黎明。[1]

---

[1] 庄晶整理翻译：《六世达赖喇嘛仓央嘉措情诗（藏汉文本）》，北京：中国藏学出版社，2010年版，第17页。

酒馆的人际关系向来简单，无论酒客歌者，夜晚即来，天明即去，谁也不约定下一次何时相见，但每次相逢都像故人一般亲切自然。这种方式正顺应了仓央嘉措的意愿，注定永远逃不出樊笼，就让每一个时刻都成为新的狂欢，不期待未来，只沉醉当下。可是宿命偏偏又安排他遇见了一个女子，她是工布来的于琼卓嘎。

　　同年少时的仁增旺姆相比，她多了一份稳重的成熟；与龙王潭的达娃卓玛相比，她多了一份矜持的温柔。工布地区位于拉萨的东面，那里茂林碧草，气候湿润，是传说中多出美女的胜地。不知于琼卓嘎是带着怎样的身世来到拉萨？她热爱藏戏与民歌，没有一般女子的虚荣之心。所以即便身边也围绕着形形色色的追慕者，她喜欢的还是文雅多才的倪桑旺波。

　　善解人意的女店主留心每一位客人的心思，极力撮合这对情人走到一起。爱情果真是一剂良药吗——既能治愈爱情本身的伤痛，也能安抚人生大梦的虚无？于琼卓嘎的一颦一笑让仓央嘉措有些沉醉，就像漂浮在荒凉的大海上，忽然遇见一处避风港。在茫茫人海中，每一次相遇都可算作奇迹。仓央嘉措为他和于琼卓嘎的相遇写道：

印度东方的孔雀，
工布深处的鹦哥，
生地各不相同，
同来拉萨会合。①

　　于琼卓嘎是仓央嘉措所见过的最懂诗歌的女子。他不缺玩伴，甚至只要想有，也不缺情人，却难得遇见一个知音。他把写好的诗作念给蕙质兰心的于琼卓嘎，听着她的再度阐释和评价，即便是指瑕，心里也生出莫大的满足与幸福。

---

　　① 庄晶整理翻译：《六世达赖喇嘛仓央嘉措情诗（藏汉文本）》，中国藏学出版社2010年版，第20页。

第三章 红尘游

那日，听完诗，于琼卓嘎忍俊不禁，问仓央嘉措："你自比'印度东方的孔雀'，你是莲花生大师转世吗？不会是信奉宁玛派的名门世家吧？"

仓央嘉措正担心显露真实身份，所以在诗中用了比喻。见于琼卓嘎有如此精微的洞察力，只好顺势说道："你至少说对了一半，祖上确实是宁玛派名门，至于莲花生大师的转世，信便是，不信便不是。"一番故弄玄虚之后，两人都笑得合不拢嘴。仓央嘉措心里却明白，于琼卓嘎笑的是他的戏说，他笑的是自己矛盾荒唐的人生。

原本潇洒浪荡的公子在每个黎明之前都变得依依不舍，只恨夜色太短：

帽子戴到头上，
辫儿甩到背后。
那位说："请多保重。"
这厢说："请你慢走！"
"恐怕您又要悲伤了。"
"过不久就会聚首！"①

于琼卓嘎只知自己的情人是一位贵族子弟，可连他来自哪一世家都不清楚，更不知道天亮之前，宕桑旺波究竟走哪条路，到哪里去。她没有任何疑心，凭着直觉慷慨给予他自己的信任。而在于琼卓嘎面前，仓央嘉措也完全忘记了自己是本该坐在圣殿里的六世达赖喇嘛。虽然他并没有要公布天下的意图，可是在心里也毫不掩饰地承认：

住在布达拉时，
是日增②仓央嘉措；

---

① 庄晶整理翻译：《六世达赖喇嘛仓央嘉措情诗（藏汉文本）》，北京：中国藏学出版社，2010年版，第19页。根据藏学专家校正，后四句应为：（女）说："请你慢走！"/（男）说："请你慢留！"/（男）说："您不要悲伤了。"/（女）说："很快就会聚首！"
② 日增：指对密宗有造诣的喇嘛，对应下一句的"浪子"。

住在"雪①"的时候，
是浪子宕桑旺波。②

没有不透风的墙，也没有无风而起的波浪。不知什么时候起，拉萨民间开始有传言说六世达赖喇嘛时常乔装出游，出没于拉萨酒肆。桑结嘉措听说此事，皱了皱眉头，劝说仓央嘉措，仓央嘉措却对此毫不在意。

---

①雪：指布达拉宫下面的民居。
②庄晶整理翻译：《六世达赖喇嘛仓央嘉措情诗（藏汉文本）》，北京：中国藏学出版社，2010年版，第18页。根据藏学专家校正，"住在"应为"驻锡"，"日增"应为"仁增"；原译文为"宕桑旺波"，此处根据本书改为"宕桑旺波"。

不作菩提语，唱彻凡人歌

那些日子，八廓街上与从前没什么两样。织彩色氆氇的工人，卖珠宝配饰的姑娘，弹奏扎木念的老艺人，摇着转经筒诵着六字真言的朝圣者，依旧是街头的主角。每次踏上街市，仓央嘉措就变作欢快的鸟儿，扑扇着翅膀，看到每一处风景，眼中都闪烁着光芒。他爱上了拉萨的每一条街道，无论白昼与夜晚，这里都是最美妙的地方。

沉醉于凡尘的仓央嘉措并不知道，他的出现也让酒馆发生了很多变化。由于他的潇洒才情，他已是继女店主之后另一位为酒馆聚集人气的核心人物。越来越多的风流人士慕名而来，都以结识宕桑旺波为幸为荣；也有更多歌曲从这里传唱开来——这还要归功于于琼卓嘎的天赋。她对才子情人的作品赞不绝口，执意把它们谱成曲子，亲自在酒馆里弹唱。因为很多诗歌的主角就是她自己，她巧妙得当地把握演唱的情感，唱得一泓春水生涟漪，唱得满座青年都对这对恋人心生歆羡，更唱得男男女女相互流连，心旌摇曳。

来拉萨朝圣或是参加宗教法会的人们都会特地来到小酒馆一坐，为了把最新流行的民歌带回各地，也为了亲眼见一见传说中的才子佳人。无论是小酒馆的常客，还是风尘仆仆的旅人，无不被仓央嘉措诗歌中所渗透的真情挚感打动。远道而来的人好像揣着至宝，满怀激动回到家乡，于是仓央嘉措的诗歌迅速传唱到每一个讲藏语的角落。人们称它们为"情歌"。

对于仓央嘉措，世人的喜爱不啻为对他创作的最大认可和赞美。从喜欢《诗镜》，写出第一首诗以来，他始终是出于爱好，为自己而作诗。而且在压抑的环境下，他也很难找到一个交流诗歌的空间。

尽管佛教典籍中也能找到诗歌的影子，但除了极少数他喜欢的，大多是些什么诗呢？一句不无雅词妙语，两句不离修饰比喻。这一节写道："双臂藤蔓，双手莲。双足枝叶微微颤。"那一章又是："红色脚趾的花瓣片，闪光趾甲的花蕊，你的双足的水生莲，放在众王头顶端！"年少时，仓央嘉措确实觉得这种诗很美，它们展现了一个前所未见的曼妙的语言世界。从《诗镜》传入西藏以来，上层文人风雅之气有增无减，华美、艳丽、典雅成了他们共同的文学追求。到了17世纪，从《诗镜》发展而来的格律诗歌大体完备，处处是藻饰堆砌，美得有些让人乏味、厌倦。

随着身心成熟，阅历加深，仓央嘉措再看《诗镜》一类的典籍，会多出一种疲劳之感。用华丽辞藻连缀的诗句就像一个戴了太多饰物的姑娘，本来可以很动人，却越装扮越失真。听着民歌长大的他最终跳出了繁缛的传统体例，选择晓畅的表达和活泼的意趣。

他的诗很少直接阐释佛理，或者看上去完全在写男女之情，所以在布达拉宫里，第巴最多只称颂他才学高妙，必然不会把诗歌当作经典在僧人中传扬。多少个日夜，他将孤独、苦闷、思恋和悲愁诉诸笔墨，独自欣赏，再与那些诗篇一同归于寥落。现在，通过一个小酒馆，通过于琼卓嘎的演唱，通过满城青年热情欢畅的流传，他才意识到自己诗歌的价值。他走下雪域法王的宝座，却用一卷诗歌引领了凡尘的旋律。

即便是以宕桑旺波之名得到尘世的认同，也比幽闭在布达拉宫不为人知好得多。被全城人传为美谈的感觉，比接受全西藏信徒的叩拜，更让他觉得真实而满足。在西藏文学史上，若论作品的流行之广，恐怕只有11世纪密宗大师米拉日巴的《十万道歌集》能与仓央嘉措的情歌相媲美。

米拉日巴是藏传佛教噶举派（俗称白教）创始人玛尔巴的弟子，反对空谈，主张苦修，以歌唱的方式传教。这是因为他自幼酷爱民歌，便借民间表情达意的流行方式，宣传佛教理念。他曾有诗这样唱道：

生老病死四河深，
人人难逃皆有份，
轮回大海不断根，
溺于苦浪不自知，
安乐幸福无一时，
怕苦反倒自作苦，
祈福却作有罪事，
欲想解脱人世苦，
恶性罪愆要戒除，
死时修法是正途。

米拉日巴的道歌吸收了很多民间元素，诗中常见白狮雄踞雪山、鹫鹰盘旋岩峰、猛虎盘踞森林、金鱼游于大海等民歌中的传统意象。这些元素丰富了米拉日巴道歌的形式和意蕴，朗朗的韵律，栩栩如生的形象，是普通世人领会佛法奥义的前提，也是《十万道歌集》得以流传久远的重要原因。

仓央嘉措情歌与米拉日巴的道歌一样清新流畅，生动隽永，却无心弘扬佛法，而是写尽尘世的悲欢。西藏还没有哪一位活佛像仓央嘉措这般离经叛道。

在佛国难以安身立命，在凡尘又不得长久流连游荡。在两个完全迥异的世界里辗转，仓央嘉措不属于其中任何一处，每一次辗转都伴随着矛盾：

若依了情妹的心意，
今生就断了法缘。
若去那深山修行，
又违了姑娘的心愿。[①]

[①] 庄晶整理翻译：《六世达赖喇嘛仓央嘉措情诗（藏汉文本）》，北京：中国藏学出版社，2010年版，第8页。

出世还是入世，成了仓央嘉措心头纠缠不开的难题。昼夜交替，身份转换，恐怕其中的隐忍只有他一人能够体会。

他也并非有意与佛对立，尘世的纷扰念想总是挡住他修行的去路。对爱与美的向往让人不由自主地向尘世靠拢，而他既有幸被认定为观世音菩萨的转世，却又不幸被夺去了作为凡人的自由。然而，与生俱来的爱美之心，强加的佛法也无力阻隔：

> 前往得道的上师座前，
> 求他将我指点。
> 只是这心猿意马难收，
> 回到了恋人的身边。①

倘若仓央嘉措读过《诗经》，他一定会喜欢那些古老淳朴的歌谣。穿越千年的斑驳岁月，遗留在纸墨书香里的情感依旧清新明朗，热烈奔放，与他的诗作如出一辙。那开篇《关雎》里"求之不得，寤寐思服；悠哉悠哉，辗转反侧"不也是仓央嘉措要表达的朝思暮想吗？

> 已经是意马心猿，
> 黑夜里也难以安眠。
> 白日里又未到手，
> 不由得心灰意懒。②

从第一次下山走进酒馆开始，仓央嘉措世界的重心就越来越向山下倾斜。人们常说，顺乎本性，即是天堂。仓央嘉措的确用叛逆的姿态为自己构建了一

---

① 庄晶整理翻译：《六世达赖喇嘛仓央嘉措情诗（藏汉文本）》，北京：中国藏学出版社，2010年版，第6页。
② 同上，第2页。

座天堂，在尘世找回了压抑已久的天性。这种倾向似乎逐渐显露在更多的诗歌里，曾经的犹疑渐渐明晰，情感直接，表露大胆。

一箭射中鹄的，
箭头钻进地里。
遇到了我的恋人，
魂儿已跟她飞去。①

印在纸上的图章，
不会倾吐衷肠。
请把信义的印戳，
打在各自的心房。②

露出了皓齿微笑，
向着满座顾盼。
那目光从眼角射来，
落在小伙儿的脸上。③

透过饱含深情的诗歌，即便是从未见过这个名叫傥桑旺波的青年，也会大致了解他生活中的风花雪月。酒馆的欢乐、情人的神态、内心的悸动全被他写进诗作，继而通过管弦与歌喉传递到每一颗年轻的心里。

除了人性的至纯至真，没有什么能具有更大的感染力。当他抛下深奥沉寂的宗教经卷，以人间荡子之心抒写性灵之歌时，那或悲或喜、或甜蜜或苦涩的

---

① 庄晶整理翻译：《六世达赖喇嘛仓央嘉措情诗（藏汉文本）》，北京：中国藏学出版社，2010年版，第20页。
② 同上，第5页。
③ 同上，第8页。

跌宕情感难道不是每个人青春岁月里的必经之路吗？他写出了自己的情感，也成了无数青年男女的情感代言。这足以让人原谅他一切的违戒与出格。于是，西藏后来多了一首这样的民歌：

> 莫怪活佛仓央嘉措，风流浪荡；
> 他想要的，和凡人没什么两样。

情人于琼卓嘎的爱像一束光，照亮了他晦暗的沉寂的夜，又像一碗清冽的酒，尘世与佛祖的倒影都沉在碗底，他干脆不去纠结，乐在当下，一饮而尽之后，醉得眼前只剩下于琼卓嘎的美。

> 与爱人邂逅相见，
> 是酒家妈妈牵的线。
> 若有了冤孽情债，
> 可得你来负担。[1]

> 香浓的内地茶汁，
> 拌任何糌粑都很甘香。
> 我看中的亲密爱侣，
> 横看竖看就是漂亮。[2]

每每踏着最后的淡薄夜色回到布达拉宫，回到德丹吉殿的床上，一种大梦初醒的感觉便袭上心来。有时，看着周围庄严的陈列，自己一身袈裟端坐佛前，他会觉得好笑，甚至唾弃自己。是谁把空有一副皮囊的自己宣布成为活佛

---

[1] 庄晶整理翻译：《六世达赖喇嘛仓央嘉措情诗（藏汉文本）》，北京：中国藏学出版社，2010年版，第10页。
[2] 同上，第39页。

的呢？他毫不吝惜对自己的嘲讽，其实正是嘲讽在他身后操纵权柄、争夺势力的政客。权欲熏心者竟打着宗教的招牌，拿自己出演一场荒唐的闹剧。他从未觉得自己是真正的活佛，最多是个心念佛祖的凡尘信徒罢了，和大街上、草原上的百姓一样，热爱尘世生活，憧憬美好和幸福。他早就厌倦了这场闹剧。

仅仅穿上红黄袈裟，
假若就成喇嘛，
那湖上的金黄野鸭，
岂不也能超度众生？[1]

凭借拾人牙慧，
就算"三学[2]"佛子，
那能言的禽鸟鹦鹉，
也该能去讲经布道。[3]

对于桑结嘉措的劝说，仓央嘉措来者不拒，也从未把它们放在心上。仓央嘉措的叛逆难道不正是他一手造成的？命中注定，仓央嘉措一生都与第巴紧密交集，但儿时书信中夸奖他的桑结嘉措转眼不再，现在他表面上毕恭毕敬，实则当活佛是个不谙世事也无须掌权的少年，扮演着他的监护人而已。而走向人间的仓央嘉措，怎么甘愿做傀儡活佛，又如何还会畏惧桑结嘉措的权势？

柳树爱上了小鸟，
小鸟对柳树倾心。

---

[1] 庄晶整理翻译：《六世达赖喇嘛仓央嘉措情诗（藏汉文本）》，北京：中国藏学出版社，2010年版，第33页。
[2] 三学：学佛者必须修持的三种基本学业，即戒、定、慧。
[3] 庄晶整理翻译：《六世达赖喇嘛仓央嘉措情诗（藏汉文本）》，北京：中国藏学出版社，2010年版，第33页。

只要情投意合，
鹞鹰也无机可乘。①

当酒店友人们呼唤他"倪桑旺波"的时候，仓央嘉措真的把自己当作一个自由浪荡的凡人。如果可以，他一定不惜以生命的三分之二去换取一个三分之一的快乐的零头。但即使他做好了交换的准备，也不会料到命运竟然在几年后真的成全了他的意愿。当然，这是后话。

在沉寂已久的蒙古和硕特部，一位等待继任的王子正对布达拉宫虎视眈眈。

在仪容万方的布达拉宫，一位饱谙世故的政治家多年来始终紧锁着眉头。

在八廓街转角的酒馆里，一群浪荡青年今宵有酒今宵醉，彻夜唱着：

只要姑娘不死，
美酒不会喝完。
青年终身的依靠，
全然可选在这里。②

---

① 庄晶整理翻译：《六世达赖喇嘛仓央嘉措情诗（藏汉文本）》，北京：中国藏学出版社，2010年版，第21页。
② 同上，第12页。

第四章
叛 逆 者

不能指望布达拉宫
　护佑一位诗人
但可以祈求它保佑爱情
　这不是宗教的宗教

——侯马《进藏手记》

雪的目击

绿意褪尽,冬天的拉萨城,阳光洁净而热烈,比其他任一季节都更为纯粹。八廓街上依然热闹融融,林立的店铺弥补了冬天色彩的匮乏,孩子们依旧无所顾忌地嬉闹,大昭寺门口永远站满了排队等待着给佛祖上香的信徒。

当夜幕降临拉萨,在群山一片苍茫辽阔的衬托中,临街店铺里的灯火更显得温暖醉人,明明灭灭,闪烁着人间安详的喜乐。天气越是清冷,那微弱的灯光越蕴藏了巨大的能量,像一个乐观的反抗者,用明朗的姿态引领方向。

贵族青年宕桑旺波的生活过得越发从容。布拉达宫里,达赖活佛与随从拉旺等人几乎可以任意而为,只要桑结嘉措不发话,即使别人怀有怨怒,也不能对他们进行告诫和责罚。

这段时间,桑结嘉措自以为坐稳了江山。和硕特部汗王旺扎勒和他的父亲达赖汗一样安于现状,对扩张势力毫无兴趣。倒是现任汗王的弟弟拉藏王子似乎和仓央嘉措走得比较近,但他不担心拉藏会打仓央嘉措的算盘,因为他们在一起无非是做些射箭打鸟之类的闲事,像两个逍遥浪荡的公子。

夜色中的酒馆依旧是宕桑旺波的乐园。热情的女店主交下了他这个朋友,并为他和于琼卓嘎贴心地安排了幽会的房间。他和于琼卓嘎有着令人钦羡的爱情,自然也成为小酒馆的核心人物。若少了宕桑旺波,恐怕酒馆里便少了许多纵酒放歌的乐趣。

第四章 叛逆者

当酒壶倾尽,夜深曲终之时,客人们渐渐尽兴离开,只剩下一对才子佳人守着一盏暖黄的灯火,他们的絮语才刚刚开始。

以六世达赖喇嘛的身份,仓央嘉措可以支配很多钱财。康熙皇帝为了保持中央和地方的密切关系,每年都会派使者到西藏看望达赖喇嘛和班禅,使者带来的不只是皇帝的亲笔信件,还有很多贵重赏赐。当时,五世班禅每年可以得到五十大包茶叶的馈赠,主要供他所在的扎什伦布寺的僧众煮茶。相比之下,身为达赖喇嘛的仓央嘉措还受到更多优待,精致贵重的器物礼品自不必说,最重要的是康熙会从每年的税收中下拨五千两白银,而仓央嘉措就是这笔宗教巨款的直接支配者。

所以,宕桑旺波可以算作一个富家子弟。在拉萨城里,他不随便挥霍钱财,但也算得上出手阔绰,慷慨大方,或许这也是女店主高看他一眼的缘故。于琼卓嘎出身寻常百姓家,仓央嘉措很想尽自己所能给她幸福,送过贵重的头饰,美丽的宝石,却都被于琼卓嘎一一回绝。他才发觉,她并非一个喜欢攀附、爱慕虚荣的女子,她的美在于纯净和持守有方,仓央嘉措很惭愧,觉得他自以为是的馈赠是对她的侮辱。

"我不要你这些金银珠宝,你若诚心,我只要每天都见到你,这就是最好的礼物。"那夜分别时,于琼卓嘎再次强调了这句话。对天下所有的恋人来说,这是个理所当然的要求。

可披着绸缎袍子的仓央嘉措为难了。戴好帽子将要出门的时候,他微笑着转过身来,把于琼卓嘎的纤纤双手放在手心握了片刻,温柔地说道:"等着我,明天见。"他该如何回应,如何向她承诺?这般隐瞒身份来寻找一份短暂的欢愉,仓央嘉措自己是快乐的,也早已看清了结局,而情人并不知情,是不是终有一天她要受到更深的伤害?有什么理由让一个无辜女子承受这些本不属于她的痛苦呢?仓央嘉措再次陷入自责。

走出房间的那一刻,他知道情人如水的目光正望着他远去,却始终不敢回头。

女店主早已休息了。仓央嘉措轻轻推开酒馆的门,一阵清洌随风而来,空气中隐约有几粒冰凉的颗粒落在脸上。

静谧的八廓街不知何时飘满大雪。

仓央嘉措笑了。漫天雪花，纷纷扬扬，他仰头望向空中，有一种雪花向上飘飞的错觉。它们是要把人间的传奇带到天上吧？这个童话般浪漫的夜色未央之际，仓央嘉措却再一次遭遇命运的玩笑，偷偷下山的浪荡子不知此后他将无路可返。

望了望布达拉宫的方向，天地间灰茫茫一片。再迟疑一会儿，天就亮了。事已至此，思虑再多也无济于事。想起刚刚对于琼卓嘎说的话，想起酒馆房间里那副温润甜美的面容，拉萨城里的传闻还少吗？无愧于心的事情有什么好畏惧的？仓央嘉措轻轻甩了甩衣袖，踏进松软的积雪，脚步坚实、坦荡。

雪停了，天边泛起一丝曙色。沉静的布达拉宫从灰茫中张开惺忪的眼睛。铁棒喇嘛将宫门一道道打开，赫然发现正门一侧印着一行清晰的脚印。

铁棒喇嘛在藏语中叫作"格贵"，是西藏寺院中手执方形空心铁棒维持纪律的僧人，相当于内地佛寺的掌堂师。在寺院里，他们负责掌管僧众名册，登记僧人入寺、离寺、亡故的信息，检查犯戒行为，处罚有过失的僧人。

铁棒喇嘛第一次在开门时看到脚印，这端端正正的脚印从山下一路跋涉，竟然从一个不起眼的小侧门走进布达拉宫里……他不禁倒吸了一口冷气，脑子里立即浮现出各种可能。谁这么大胆，竟敢来布达拉宫行窃？难道蒙古汗王派了刺客前来？保护宫殿安全是他的重要职责，万一真的有人遭遇不测，要如何向佛祖交代？他来不及细想，立刻抄起铁棒沿着足迹向宫内追去。

宫中大部分僧人还在熟睡，借着微亮的光线，铁棒喇嘛穿过重重宫殿，发现自己来到了六世达赖喇嘛居住的德丹吉殿。他顿时惊慌失色，以为佛爷出了什么闪失。情急之下，顾不得平日礼数便推门而入。

——室内一片宁静。

在拂晓晨光的笼罩下，卧室里静穆的气氛让他镇定下来，恍惚觉得自己过于冒失。再看床上，尊贵的佛爷安然无恙地卧着，梦一般安详，屋子里再也找不出第二人。幸好，虚惊一场，没有什么刺客。他心里的石头算是落了地。

只是，佛爷摆在床下的靴子上为何粘着没有融尽的白雪？周围是湿的，洇出一圈水痕，而那靴子的形状和方才雪地上的足迹别无二致……

于是，民间关于六世达赖喇嘛的传闻就此得到证实。

这串叛逆而执着的脚印，一头连着风流快活的街市酒家，一头连着压抑沉郁的布达拉宫，它们是仓央嘉措一生的两个重心，心之所向的重心和被迫承担的重心，精神的重心和肉体的重心。两个世界间隐秘的辗转与矛盾借着一场大雪昭然于世。

足迹的泄露并没有给仓央嘉措带来尴尬，当选择踏雪归来的一刻，他就做好了被发现的心理准备，听着周围的闲言碎语，仓央嘉措在心中默默念诵着："就让全西藏都知道布达拉宫法座上坐的是浪荡公子宕桑旺波吧，我早就受够了那身束缚，在尘世飞觞醉月、幽会美眷才是我想要的生活！我可不是你们的活佛，我和你们一样都是可怜可悲、敢爱敢恨的凡人。你们的生活让我多么羡慕，为何反而还来信仰一个自身难保的泥菩萨？"

世间何处没有痛苦？凡人与法王各有各的不幸，可叹的是，他们往往相互羡慕，彼此向往。好像命运故意将每个人的位置倒错，以跌宕波动来丰富他们的一生。以对峙和反抗追求幸福或许就是他们生命存在的价值，可只有少数人才敢突破命运的樊篱，跟随内心的渴望过完一生。

现在，人人都听说了六世达赖喇嘛微服出游的消息，但民间没有产生任何波澜。大家最多将其当作一件趣事，在茶楼街角善意地聊上几句。在民众心里，他们至高无上的宗教领袖即使有惊世骇俗或看上去离经叛道的爱好和言行也不足为奇。人们会说："活佛的思想岂是普通人所能理解的？"虔诚的信徒认为，活佛作为菩萨的化身，无论做什么都是出于为众生谋福祉，万万不会背离佛法，只有人们理解不了的事，没有佛爷做错的事。

真正在乎这件事的大概只有桑结嘉措一人。他深知，任何被冠以宗教名义的事情都能得到百姓的通融，不好对付的乃是凤敌蒙古和硕特部政权。从他隐瞒五世达赖喇嘛的圆寂，到径自选出六世达赖喇嘛，而六世达赖喇嘛又行事放荡，不好佛法，每一件事都可以被对手当作把柄威胁到五世达赖喇嘛和自己辛苦经营的地位。从前对仓央嘉措疏于劝阻，是因为他不和自己争权，眼下再任由他恣意妄为，恐怕两人的地位都保不住，一旦对局势失去掌控，还会导致整个西藏的动乱。

桑结嘉措费尽口舌，晓以利害，但并没有说服仓央嘉措放弃游乐。那天去德丹吉殿前，他本来在深思熟虑后要和这个年轻人长谈一番，一进门只见仓央嘉措正伏案写诗，并未理会自己。桑结嘉措礼节性地问候了佛爷，听仓央嘉措只应了一声便再无应答，便站到一旁看他写了一首又一首：

入夜去会情人，
破晓时大雪纷飞。
足迹已印到雪上，
保密还有什么用处？①

人们对我指责，
我只得承担过错。
小伙儿我的脚步，
曾到女店东的家里去过。②

来者惊诧了。曾经那个怯生生的少年已经长大，不再把第巴放在眼里，一步步接近凡尘的同时，他越来越敢于反抗，说他任性不如说他对诡谲的局势有更深洞察，只是不愿卷入其中罢了。仓央嘉措毫不在乎违背戒律，甚至欣然承认，恨不得请第巴将自己废为庶人。对于这样顽固的"逆子"，桑结嘉措无功而返。

---

①庄晶整理翻译：《六世达赖喇嘛仓央嘉措情诗（藏汉文本）》，北京：中国藏学出版社，2010年版，第18页。根据藏学专家校正，第四句应为"保密和不保密没什么两样"。
②同上，第20页。根据藏学专家校正，第三句应为"小伙儿我的从容脚步"。

桑结嘉措不但没有成功劝服仓央嘉措，还遭遇了更尴尬的反驳。当时，在民间流传有风流韵事的上层人物，并非只有仓央嘉措一人，第巴·桑结嘉措自己的丑事也尽人皆知。相传，他明令禁止宗教人士与放荡女子来往，但自己不仅从其美噶蔡和白热康萨两家各娶得一个女儿做"主母"，而且与许多漂亮女子都有交往。而他执意阻止仓央嘉措去八廓街喝酒幽会，岂不成了"只许州官放火，不许百姓点灯"？为此，仓央嘉措以诗讽刺第巴：

巉岩加狂风捣乱，
把老鹰的羽毛弄残。
狡诈说谎的家伙，
弄得我憔悴难堪。①

黄边黑心的乌云，
是产生霜雹的根本。
非僧非俗的僧侣，
是圣教佛法的敌人。②

"圣教佛法的敌人"指的正是身披袈裟却公然蓄养"主母"的第巴·桑结嘉措。

桑结嘉措撞了个灰头土脸，这时收到一封来自日喀则的信。远在扎什伦布寺的五世班禅也听说了仓央嘉措的种种事迹，身为师尊，他立即分别写信给达赖喇嘛和第巴，一方面请仓央嘉措专心修佛，关爱众生，一方面请桑结嘉措对仓央嘉措多加劝告。

---

① 庄晶整理翻译：《六世达赖喇嘛仓央嘉措情诗（藏汉文本）》，北京：中国藏学出版社，2010年版，第13页。
② 同上。

来信有如救星，提醒了桑结嘉措，他要请仓央嘉措的恩师出面，亲自降服顽固不化的浪荡子。以世俗情理讲不通，只好让佛法说话，用更多更深的戒律——比丘戒来管束他。

比丘，也就是藏语中的"格隆"，意为"乞士"，取《法华义疏》中"上从如来乞法以练神，下就俗人乞食以资身"之意。与刚入佛门所受的沙弥十戒相比，比丘所受二百五十余条戒律戒品具足，所以又称具足戒。

佛教律典《四分律》中说："不应授年未满二十者具足戒。何以故？若年未满二十，不堪忍寒热饥渴、风雨蚊虻毒虫，及不忍恶言；若身有种种苦痛不堪忍，又不堪持戒及一食。"关于以二十岁为分界，无独有偶，内地自古就有男子二十岁行冠礼以示成年的仪式，"弱冠"便是男子二十岁的代名词。冠礼的仪式考究而庄重，要选定良辰吉日，由父亲或兄长在宗庙里主持。仪式上，指定的贵宾将为青年依次戴上三顶意义不同的帽子，分别代表拥有参政资格、报国能力和祭祀权利。

可见，以二十岁作为成熟标准是一个共识，只是对世人意味着拥有更多权利，对僧人则意味着承担更多磨炼。从这个角度上讲，俗世与佛界的确是两个越来越远的指向，而仓央嘉措再一次被夹在路口，越是深爱凡尘，越被佛法束缚得紧。作为宕桑旺波，他将有更多自由和选择来经营人生；作为仓央嘉措，他不得不接受师尊慈祥而郑重地套在他身上的枷锁。

在回信中，桑结嘉措写道："佛爷对佛经的学习不甚用功，我也曾对他一再规劝，但未蒙采纳。希望班禅以师尊的身份亲自去信多多指教。同时，佛爷的年龄也快到二十岁了，应受比丘戒。届时还请班禅前来受戒。"

桑结嘉措满意地将信封好，认为这回一定能管住仓央嘉措。再次去看望仓央嘉措时，桑结嘉措告诉他，过不了多久，五世班禅就要来给他授比丘戒了，话中流露着满足、得意和一丝报复的快感。

仓央嘉措顿了片刻，平静地应了一声。

待"非僧非俗"的第巴踱步而去，仓央嘉措看着他的背影露出一丝微笑，提笔给师尊五世班禅写了一封密信。信中，他坦言自己生性不喜欢与僧众辩论经典，也不好四处讲经说法。念与师尊久违，愿意一见。至于受比丘戒之事，还是罢了。

一个想管，一个想逃。第巴与达赖喇嘛之间进行着一场无声的较量。两封信先后从布达拉宫发出，各执一词，飞往僻静的日喀则。

一颗尘心逐自由

沿着雅鲁藏布江溯流而上,经过一段两岸夹山的狭长激流后,江面逐渐开阔,年楚河在这里与雅鲁藏布江汇合。再向上,渐次展现出平旷的谷地,翠绿的青稞,大地在幽静中彰显着一种壮阔与大气。这里在藏语中称为"豁卡孜",意思是"土地肥美的庄园",汉语中译为"日喀则"。

按照自然地理分布状况,西藏分为前藏、后藏。前藏以拉萨为中心,称卫,由达赖喇嘛管理。后藏以日喀则为中心,称藏,由班禅管理一小部分,其余大部,由达赖喇嘛管理。班禅与达赖喇嘛同是格鲁派始祖宗喀巴的传承,两大活佛世系便是整个西藏的政教支柱。

在藏传佛教中,班禅是阿弥陀佛的化身,阿弥陀佛也就是人们常说的无量寿佛——西方极乐世界的教主。达赖喇嘛是观世音菩萨的化身。据《观无量寿经》记载,观世音与大势至菩萨同为西方极乐世界教主阿弥陀佛的胁侍。所以,在佛教理论中,班禅的地位高于达赖喇嘛,只是由于达赖喇嘛常驻前藏拉萨,才有着比班禅更突出的世俗意义。他们无论在宗教还是政治上其实都是平等的。

1603年,四世达赖喇嘛云丹嘉措在西藏热振寺举行了隆重的坐床典礼,随后迎至哲蚌寺,三大寺僧众共同决定邀请当时任扎什伦布寺池巴[①]的罗桑确吉坚赞到拉萨为四世达赖喇嘛传授沙弥戒、剃度,并取法名。那时固始汗还没有向

[①]池巴:意为首座,是寺院的最高负责人,一般由佛学造诣深厚的活佛担任。

罗桑确吉坚赞赠送"班禅博克多"的尊号,但这是后来公认的达赖喇嘛与班禅第一次建立师徒关系。

年轻的四世达赖喇嘛暴亡后,又是罗桑确吉坚赞顶住了与藏巴汗的斗争压力,找到了四世达赖喇嘛的转世灵童,并再次为之受戒,于是达赖喇嘛与班禅又一次建立了师徒关系。此后,年长者为师,年幼者为徒,成为定例。因此,五世班禅罗桑益西是仓央嘉措在佛教中早已注定的师尊。

五世班禅还在为来自拉萨的传闻忧心,两封先后寄来的信件又让他陷入更深的忧虑。已近不惑之年的罗桑益西回忆起八岁时五世达赖喇嘛为自己授沙弥戒,依然历历在目,他忘不了师尊慈祥尊贵的面容,也忘不了师尊周身都散发着祥和的暖光,将幼小的他护在其中。而到二十岁要受比丘戒时,桑结嘉措却告诉他五世达赖喇嘛已经入定,不能见人,只能另请高僧作为受戒师。许久以后,他才知道自己同全西藏的僧众一样被蒙蔽了十五年。

现在,六世达赖喇嘛也到了自己当年的年纪,自己愿意为他受戒,他也想要像师尊对自己那样爱护仓央嘉措,把师徒情谊一代代传承下去。可这个徒弟竟然提出不愿受戒,这在佛门称得上破天荒了。五世班禅又气又恼,为这个徒儿伤透了脑筋,格鲁派还没有彻底摆脱困境,宗教领袖却不能负起先圣的遗志,还像个孩子一样抵触佛法。想来如果不能受戒,即使当面劝阻也无济于事,五世班禅心生失望,不愿去拉萨见仓央嘉措,于是回信道:"现在身体不适,待日后动身前往。"

没过多久,五世班禅又收到仓央嘉措的来信,说如果师尊不能前来拉萨,徒儿将动身前往日喀则,并朝拜四世班禅罗桑确吉坚赞的灵塔。

五世班禅有些始料不及。他不想让仓央嘉措来扎什伦布寺,立刻派出使者前往拉萨劝阻仓央嘉措,他自己则取道北路前往拉萨。

班禅行到半路,遇见返回的使者说仓央嘉措已经从南路出发了。这说不定是仓央嘉措为了能去更远的地方散心想出的新计划,而且拜会五世班禅的名义还能应付桑结嘉措催促他受比丘戒。五世班禅只好改道羊卓雍错,与这个任性不羁的徒儿在达卜隆会合。班禅无力阻拦仓央嘉措前往日喀则，便提前赶回扎什伦布寺，安排迎接仓央嘉措的仪式。

一路上绕山转水，风尘仆仆，仓央嘉措的兴奋却多于疲惫。这是他住进布达拉宫后的第一次远行。如果不是自己执意前来，也许此生永远与日喀则无缘。名义上是雪域法王，但桑结嘉措从不给自己巡游的机会，不走进民间如何佑护众生呢？

清康熙四十一年（1702年）六月二十日，仓央嘉措抵达了日喀则城西的扎什伦布寺。扎什伦布寺在藏语中意为"吉祥须弥山"，与拉萨三大寺并称，历代班禅驻锡于此。在西藏，它的历史地位仅次于布达拉宫。寺院依山而建，城垣蜿蜒迤逦，大小殿堂屋宇三千余间，僧侣五千余人。

未到寺院时，仓央嘉措便望见尼色日山下一片紫烟升腾，金顶红墙的建筑群赫然出现，楼台醒目，佛堂叠耸，走近时能听到殿塔上风铃奏着清脆悦耳的妙音。

为了迎接尊贵的六世达赖喇嘛首次莅临，周围搭起了很多帐篷。数千僧众一齐出动，手持各种法器、幢幡，排成长长的欢迎队列。眼下的情景好像回到了去布达拉宫坐床的时候，那是遥远的五年前，却恍如昨日一般。五年，让一个人换了多少重心境，可世界还是一如既往地热情喧闹，扎什伦布寺各大殿的房顶上插着各色经旗，皮鼓声、法号声此起彼伏。日喀则的百姓组成各种队形，载歌载舞，心怀虔诚，就像从前迎接五世达赖喇嘛一样。

到达扎什伦布寺后，仓央嘉措就住在班禅的寝殿坚赞同布宫内。仓央嘉措难得来到扎什伦布寺，五世班禅希望他尽量多住些时日，为全寺僧众讲经布道。仓央嘉措回绝了，经堂的法座并非他心之所向，难道要让他给大家讲诗酒的乐趣、民间的逸事吗？师尊再三建议，三大寺高僧多次劝说，仓央嘉措依旧我行我素，不做丝毫让步。

于是班禅又准备让仓央嘉措受比丘戒。其仪式与受沙弥戒的仪式大致相同。受戒之前，在释迦牟尼佛像与显宗四大部佛经前，酥油灯已灼灼燃烧，精致的供品已陈列就绪，僧人们念预备经的诵声在寺院里低沉回荡。一切都在庄

第四章　叛逆者

重地等待着，只是主人公迟迟不肯到来。

"请像以往一切解脱之遍知大德一样，对所有能教化之众生，不要抛弃慈悲之心，请转动神圣法轮。"为了劝说仓央嘉措受戒，身为师尊的班禅一遍遍请求。然而，并不像桑结嘉措以为的那样，师尊当面相劝就能令仓央嘉措收敛任性。仓央嘉措已经决定不再容忍别人摆布自己了，任何人的苦口婆心对他都是一样的樊篱和枷锁。

整座大殿都透着静寂肃穆的气氛，面对金色的佛像和披着袈裟的高僧，仓央嘉措没有半点慌乱，看上去比佛像还镇定，听着师尊苦苦相劝，他只淡淡笑着，好似一个局外人。

见仓央嘉措无意理会，时任哲蚌寺果芒扎仓[①]堪布[②]的嘉木样协巴也对他拜了三拜，恳切地劝说道："您是雪域众生唯一的皈依处，要爱护佛教众生，望您三思，请不要再这样下去了。"

这些一再强调身份和责任的话，仓央嘉措早就听够了。在他心中，自己不过是一介凡夫俗子，何德何能去教化雪域众生？牺牲所谓活佛一人的人生去安慰千万人？殊不知活佛自己也是千万分之一，也需要生命的灵性和自在。仓央嘉措微微皱了皱眉，决然起身，走出大殿。只剩下诸位高僧不知所措，感叹众生没有福分。

几天后，仓央嘉措出现在日光殿门外，比前几日更为恭敬，也更加决绝。五世班禅看到的是一个衣着华丽、头戴珠宝的青年，手捧一袭干净整齐的僧袍，对着自己连磕了三个头。

只听仓央嘉措高声说道："有违上师之命，实在感愧，还望宽恕。现在请您收回我的沙弥戒。若不能交回以前所受的戒律，我将面向扎什伦布寺而自杀。二者当中，请择其一，清楚示知。"

[①]扎仓：意为僧院，是藏传佛教寺院的一级单位，本身有完整独立的组织，有自己的经堂、佛像、僧伽、学法系统，也有自己管辖的土地、属民、庄园等。凡具有一定规模的寺院都设有若干个扎仓，一般扎仓以所习修的内容命名。

[②]堪布：藏传佛教寺院职务，是扎仓的主持人，相当于内地佛寺的住持或方丈。

话音一落，五世班禅屏住呼吸，眉头紧锁，微微闭上双目——他从未想到仓央嘉措会做出还俗之举。这时，"有违上师之命，实在感愧"的声音又一次在耳边响起，班禅只觉阳光下的圣殿瞬间密不透风，一片彤云淹没而来。

格鲁派从创立以来，还未曾听闻哪位僧人在佛前宣布过如此悖逆的言论。仓央嘉措已决心用生命换取自由，在汹涌的人群中逆流而上，选择了一种不被一般人认可的价值。普天之下有几人敢于抛弃自己优越的地位与生活，去追随内心真正的意愿？有几人认识到行为与本心相悖才是人生的最大障碍？不破除这层障碍，就不能成为一个完整的人，又何谈更高的责任与意义？做活佛并非仓央嘉措的意愿，他惊世骇俗的叛逆给了所有心为形役者一记响亮的耳光。

休说比丘戒，就连刚出家时所受的沙弥戒也无可阻拦地退掉了，五世班禅与众人再三规劝，依然无济于事。对于五世班禅提出的不要换穿俗装的请求，仓央嘉措只用欣赏的神情打量了自己周身装束，拂了拂衣袖，平静地离开了，脸上挂着不易察觉的满足感。

众人愕然。此时，世上一切喧嚣都归于静穆，整座雪域屏息凝神，年轻的法王像一个无知无畏的开拓者，尽管人们不知道他将去向何处，却感到十足的震撼力在高原回荡。有人念着佛珠默默诵经，有人低沉叹息，有人忧心忡忡，也许预见到格鲁派即将面临一场严重的危机……

手足无措的班禅将六世达赖喇嘛在扎什伦布寺一系列行事经过详细呈报给桑结嘉措。桑结嘉措立即从拉萨动身，快马加鞭抵达日喀则。他生怕晚到一步，格鲁派的基业就会面临难以预料的崩塌。

桑结嘉措也爱佳人，也有家室，仓央嘉措不明白他为何总是一副严肃的神色，对待自己的妻儿也是理性大于情感吗？只有得到康熙皇帝的封赏，听到蒙古部落内乱之类的消息，他的眼睛才会闪现灼人的光亮。这是一个被权欲所累却浑然不知的贪婪政客。修建布达拉宫，巩固格鲁派权威，编撰文史典籍……这一件件事都让他更接近自己心仪的权力和地位。仓央嘉措不知道手握大权的第巴是不是快乐，日日盯着西藏内外各处的风吹草动是不是真的不感到疲倦？

在扎什伦布寺，叛逆还俗的达赖喇嘛与位高权重的第巴对峙了整整一夜。

没有人知道他们究竟谈了什么。

事后，桑结嘉措在六世达赖喇嘛的传记中提到，仓央嘉措将刀子和绳索摆在他面前，再次以生命威胁道："行动没有自由，活着还有何意义？"说完就做出要自尽的样子。当然，桑结嘉措不会让这种悲剧发生。

第二日清晨，仓央嘉措推门而出，悠然自得地离开了。

在扎什伦布寺的高台上鸟瞰，对面的山峦在云雾中若隐若现，蜿蜒流淌的年楚河如一条白练伸向远方，六月的日喀则遍野青翠，尽收眼底。仓央嘉措沉醉于眼前的画卷，急于拥抱一个全新的世界。他走下一级级石阶，离开扎什伦布寺，向着山野河湖恣意游荡而去。

格鲁派另一世系的最高教主班禅、掌握西藏政教实权的第巴、各大寺代表高僧，他们读了万卷经书，诵过无数佛号，个个修持圆满，却对一个年方二十的年轻人束手无策。也许本性是不可抛弃也不可阻挡的，能带来自由的不是尊荣，不是权力，而是心灵的声音，只有心灵的声音可以标示自由的高度。

日喀则有着不同于拉萨的宁静温顺。仓央嘉措此后便移住在日喀则宗堡，这是当地政府所在地。

日喀则宗堡外形酷似布达拉宫。相传后藏人听说了布达拉宫的辉煌后，便派工匠前往拉萨取经，工匠把布达拉宫的模型刻在一只萝卜上带回日喀则，日喀则就根据模型建造了自己的宗政府。但是，宗堡的规模较布达拉宫小得多，因为那块萝卜模型被带回时早已风干了。这里于是被称为"小布达拉宫"。

当然，"风干的萝卜"之说其实只是后人为日喀则宗堡披上的一层富有传奇色彩的面纱。日喀则宗堡实际建于14世纪中叶，比布达拉宫的重建早了三百多年。更可靠的说法是，五世达赖喇嘛重修布达拉宫时，曾以日喀则宗堡建筑为重要参照，只是在建筑规模上有所扩大和增高而已。当布达拉宫日后遐迩闻名时，日喀则宗堡反而被冠以"小布达拉宫"之名。

---

①旺秋多吉：第九世噶玛巴。噶玛巴即噶玛噶举派活佛。

宗堡将整个日光山头环抱其中，宫墙高深，巍峨耸立。高僧旺秋多吉[①]曾经盛赞道：

> 福泽成就心事此宫堡，
> 屋顶光华夺目飞檐灿，
> 白云飘飞太阳闪闪照，
> 衬映珠光宝气相交辉。
> 纯净颜料金银和朱砂，
> 细磨均匀涂绘无量宫，
> 屋顶四角树起胜利幢，
> 日月绕旋运行避开它。

不像布达拉宫，这里没有硝烟弥漫的权力斗争，仓央嘉措白日巡游，晚上回到宗堡休息，来去自由，在日喀则一共逗留了十七日。而对他无计可施的桑结嘉措早已返回拉萨。

待一身绸缎锦袍的仓央嘉措也回到布达拉宫，布达拉宫就像来了一位俗世施主。仓央嘉措依旧白日在龙王潭划船射箭，夜里去酒馆放歌纵酒，潇洒之姿有增无减。

六世达赖喇嘛在扎什伦布寺退戒的消息像生了双翅一般，很快传遍西藏政教界，当事人却毫不在乎，他终于为自己争取到了梦寐以求的自由天空。年轻人在对青春的挥霍中享受青春，生命只此一次，若没有青春的热烈、绚丽与洒脱，生命会多么乏味！

是与不是，我自圆满

1703年，一向安于现状、与世无争的和硕特部突然发生一场政变。曾经与仓央嘉措一起在龙王潭射箭打鸟的蒙古王子，一转身就变成了身披铠甲的窃国者。面对家族每况愈下的地位状况，哥哥旺扎勒依然不知进取，拉藏——这个精力充沛、野心勃勃的王子再也看不下去。他开始积极热情地干预西藏事务，要通过自己的实力复兴曾在西藏叱咤一方的荣耀家族。

固始汗帮助格鲁派剪灭藏巴汗势力后，虽然在日喀则宗堡为五世达赖喇嘛举行了隆重的执政大典，并尊他为全藏的宗教领袖，但实权还是握在自己手里。为巩固权力，固始汗多次派使团到盛京①与清朝联系，得到了顺治皇帝的册封，命其"作朕屏辅，辑乃封圻"，这相当于中央王朝在政治上、军事上对固始汗掌管西藏事务的地位与权力的肯定。固始汗及其子孙由此成为清朝皇帝治理边疆的得力助手。

但不能常驻拉萨成为和硕特部掌权的一大障碍。蒙古是名副其实的游牧民族，和硕特部平常在达木（即今当雄）有自己的牧场，夏季在那里游牧，冬季才不时住到拉萨的噶丹康萨宫。因此，和硕特部对西藏的掌握逐渐减弱。

拉藏身为次子，原本没有继位的机会，但他不甘心看着家族权势日益衰落。在1697年，康熙帝西巡宁夏，召见和硕特部各王公时，拉藏并没有前去，而是在次年从青海到了西藏。哥哥旺扎勒继位仅仅两年，他就以家族大义之名

---

①盛京：清朝（当时称后金）在1625～1644年的都城，即今辽宁省沈阳市。

毒害了哥哥，取而代之坐上了汗王的宝座。

和硕特部的变动对第巴手中的西藏政权产生了极大的威胁，拉藏汗当然清楚，多年来是五世达赖喇嘛和他的继承者桑结嘉措削弱着蒙古势力。西藏地方政府里已经被桑结嘉措安插了足够多的人员，拉藏汗想重整旗鼓并非一朝一夕的事，除非直接除掉桑结嘉措。

一场无声的政治较量已经拉开了序幕。

仓央嘉措在扎什伦布寺要求退戒还俗令西藏上层一片哗然。那时，拉藏汗也到日喀则劝过仓央嘉措。但仓央嘉措听不进任何人的规劝，当他潇洒离去的时候，拉藏汗与众位高僧一样诧异，却暗自计上心来。

登上汗王之位以后，拉藏汗便着手对付桑结嘉措。这时，他的玩伴仓央嘉措就成了政治较量中的一枚重要棋子。仓央嘉措终于争得了想要的自由，但微服出游的事实、退戒还俗的举动给蒙古一方提供了攻击第巴的口实。

当时，蒙古准噶尔部汗王策妄阿拉布坦首先向清皇帝康熙奏报"第巴奸谲，而所立达赖为伪"，并扬言要出兵征讨第巴。

这位策妄阿拉布坦不是别人，正是桑结嘉措师兄噶尔丹的侄子。当年，准噶尔部发生内乱，噶尔丹从西藏赶回伊犁，消灭了汗位竞争对手，包括自己的亲侄索诺木阿拉布坦。策妄阿拉布坦是索诺木阿拉布坦的哥哥，原本也在噶尔丹的谋害之列，但因噶尔丹一方走漏了风声而得以率少数亲信逃往博尔塔拉，在那里休养生息，伺机复仇。

噶尔丹心中充斥着扩张的欲望，一时无暇顾及逃跑的策妄阿拉布坦。当他终于腾出手来攻打策妄阿拉布坦时，对方已经做好了周全的应对准备，结果噶尔丹不但没能取胜，还折损了自己的兵力。1690年，噶尔丹败走乌兰布通之后，策妄阿拉布坦趁机两次派兵抄了噶尔丹的后路，使噶尔丹的残兵败将陷入困境。其间，策妄阿拉布坦极力拉拢清王朝，向康熙称臣，奏报噶尔丹的动向，目的是想借清朝的力量消灭叔父噶尔丹，为自己的家人复仇，取得准噶尔汗王的宝座。1697年，连连战败、树敌众多的汗王噶尔丹末路穷途，自杀身亡。次年，策妄阿拉布坦按照康熙皇帝的指示派人把叔父的尸体运送进京，自已顺理成章地成为准噶尔汗。

策妄阿拉布坦继位当年，第巴·桑结嘉措便以西藏达赖喇嘛的名义赠给他"额尔德尼卓里克图洪台吉"的称号。桑结嘉措当然知道新汗王是已故师兄噶尔丹的敌人，但为了继续保持西藏地方和准噶尔部历史上的特殊关系，只好表示支持。

蒙古人历来被称为"马背上的民族"，彪悍好战的性格让策妄阿拉布坦滋生出扩张野心，这一点与他的叔父噶尔丹并无二致。不过，有噶尔丹的前车之鉴，策妄阿拉布坦不敢再向外肆意延伸势力，以免重蹈覆辙，因此他将目光对准了西藏，目不转睛地盯着西藏政教的动态。

于是，当看到仓央嘉措放荡不羁，策妄阿拉布坦便以此为借口准备讨伐桑结嘉措。不过，清朝方面并未如策妄阿拉布坦所愿对此进行配合，小心翼翼的策妄阿拉布坦无奈放弃，桑结嘉措因此躲过一劫。

一山放过一山拦，另一封由拉藏汗呈递给康熙皇帝的奏报让桑结嘉措真正紧张起来。

拉藏汗不像策妄阿拉布坦那般行事谨慎，他不打算放过这个绝佳的声讨机会。在给康熙的奏折中，他悉数了仓央嘉措种种风流放荡的劣迹，由此怀疑仓央嘉措并非五世达赖喇嘛的转世灵童。醉翁之意不在酒，拉藏汗借着对仓央嘉措的质疑，将矛头指向了幕后执行者桑结嘉措，称他很可能为了独揽政教大权而立了个伪达赖喇嘛，仓央嘉措不过是个普通俗人，是桑结嘉措手中的一个傀儡。

措辞严厉的奏报引起了康熙皇帝的重视。对于桑结嘉措匿丧不报与庇护噶尔丹的前科，虽然康熙只予以书面指责，但在康熙心里已经留下了顽劣的印象。尽管如此，深谋远虑的大清皇帝对西藏问题依旧十分谨慎，蒙藏的矛盾斗争他并非不了解，仅凭拉藏汗的一面之词万万不可做出废黜达赖喇嘛的决断。何况达赖喇嘛是格鲁派之主，格鲁派是蒙古西藏两地共同的宗教信仰，触及达赖喇嘛就相当于触及千万信徒，一旦有闪失，恐怕这两大地区都不得安宁。他还是想采取调和措施解决蒙藏矛盾，于是派出精明善察的使者恰纳喇嘛赴藏调查。

侍从拉旺满头大汗下山赶到龙王潭时，仓央嘉措还沉浸在青稞酒的香醇之中，对着半落水中的斜阳，看岸边树影婆娑尽倒映于澄碧如镜的湖面，被罩上一层金色的光晕。

"佛爷——"

"什么事这样慌张？"仓央嘉措预感到将有风吹皱湖水，却依旧不慌不忙地品着杯中的酒浆。

"皇帝的使者到了！第巴请您速速回去！"拉旺喘着气，他清楚大清皇帝的使者怠慢不得。

仓央嘉措随手放下酒杯，起身返回，边走边望着头顶大片被夕阳晕染的云朵，忽然一群鸽子飞过，零星几片灰色的羽毛飘落在他身前，抬眼间，鸽群便在布达拉宫方向消失不见。

桑结嘉措匆匆来到德丹吉殿。仓央嘉措一看便知此番来使非同小可，只听桑结嘉措以似命令又似恳求的口吻说道："佛爷，清朝皇帝派人来调查了。事关重大，不得已请您配合。如果使者看到您现在的样子，拉藏汗的阴谋就会得逞。一旦如此，不仅佛爷与我，全西藏的百姓都将受到牵连。佛爷，请不要怪罪我，为了众生的福祉，恳请您剃去长发，换下俗装。"

仓央嘉措沉默着听完，低沉一叹，闭上了眼睛。

满身满头的装饰被一一摘下，长发也缕缕坠地。一番沐浴过后，仓央嘉措穿上闲置许久的袈裟，刚刚被檀香木熏过的袈裟令他周身散发出浓烈而静寂的香气。

庄严的大殿里，皇帝使者恰纳喇嘛、第巴·桑结嘉措、蒙古汗王拉藏汗列座其中。天边云层中仅现出一道缝隙，缝隙中金光四射，斜斜地映照在佛殿中央。在一位侍从的跟随下，六世达赖喇嘛仓央嘉措缓缓走来。

众人不禁为来者的不凡气宇所倾倒。连第巴都暗自惊叹，这年轻人平日落拓浪荡，长发锦衣，一身酒气，满目多情，如今回归佛教装束竟然端庄俊美。眼前的情景仿若回到了六年前，当这个山南少年第一次来到拉萨，第一次穿上袈裟走进布达拉宫,在数万人的膜拜中成为怙主法王。如今,少年已长成青年,形象越发清秀,眼中少了曾经的陌生与惊慌,不知何时变得波澜不惊。

有关仓央嘉措的外貌,后人会在一位名叫阿旺伦珠达吉的蒙古族僧人所著的传记中看到,"仓央嘉措生就一双丹凤眼,细看眼眸似乎有彩虹闪耀。双耳迤长,耳垂有孔。鼻准隆正,齿白唇红。左掌中有目形纹,右手食指稍偏左方有一金刚手佛像凸现——眼目须发清晰可见,无名指尖右侧有'唵阿吽'叠字。令人一见之下便生崇敬之心,不敢直视"。

拉藏汗似乎也重新认识了曾经与自己一起拉弓射箭的玩伴,此刻的仓央嘉措竟看不出一点世俗的痕迹,他有些心慌,害怕检视结果不能证明自己的奏报而获罪。

恰纳喇嘛请仓央嘉措褪去袈裟,赤身于法座之上做金刚跏趺,自己则围绕他仔细端详,走了一圈又一圈,脸上却始终不流露一丝表情。

空气在大殿中近乎凝滞,桑结嘉措与拉藏汗同时屏息,好像在等待一场生死判决,没人察觉夕阳的余晖在梁柱间一厘一毫地徐徐游走。

唯有仓央嘉措一人微闭双目,面容上一派沉静,并不在乎恰纳喇嘛的审视。如果单纯出于私心,他宁愿被认为是假达赖喇嘛,可事关全藏大局,若一朝被驱下神坛只会置桑结嘉措于劫难,而全藏信众也将面临不可预料的动乱。

若非此次危机出现,仓央嘉措不会意识到达赖喇嘛之位的重要性。从前政局表面风平浪静,仓央嘉措一心想要逃离束缚,只觉得人们不过需要一个信仰寄托而已,如今,在个人的自由与民族的和平之间,他竟难以抉择。他也清楚,从进入布达拉宫起,自己就身处蒙藏政权的夹缝之中,被拿出当箭靶子是迟早的事情。

恰纳喇嘛一言不发,看了一会儿,默默转过身来。启程前,康熙皇帝曾明示过:认真调查,但不要在西藏说出有利于任何一方的话。所以,恰纳喇嘛不顾桑结嘉措和拉藏汗紧张的眼神,自顾自地说道:"这位大德是否为五世佛祖的转世,我不能判断——但作为圣者的体征则完备无缺。"

短短三句话,却足以让两位"首领"的内心一波三折,拉藏汗由晴转阴,桑结嘉措由阴转晴。但正如康熙设想的一样,两人保持了暂时的平衡,双方都没有得势，也没有失利。

仓央嘉措依旧闭着眼睛，看不出是悲是喜。夕阳就要沉下去了，天边的云霞却异常祥和，柔软淡泊的光线正等待被夜幕吞噬。

做出简短的结论之后，恰纳喇嘛向仓央嘉措拜了拜，再没多说什么，便起身回京复命去了。来也匆匆，去也匆匆，人生中一切措手不及的事情似乎都是如此，人们也永远猜不中塞翁失马到底是福是祸。

如果仓央嘉措以为两只角逐的老虎从此将各自回山，相安无事，那未免有些天真了。他的确不善于经营政治，心心念念的还是红尘欢乐。

可不要让于琼卓嘎久等，小酒馆里的歌舞就要开始了。

已知情深，何妨缘浅

按说，此时正是仓央嘉措坐床以来最自由的时光。他不顾一切地宣布还俗，还俗成功了；他任凭清朝使者审视，结果也未被抓住确凿的把柄，一切佛教戒律都不再阻挡他走入尘世的脚步。有着代表清王朝的恰纳喇嘛的发言撑腰，任谁也不敢再轻易怀疑他，至少各方势力表面上都对他恭敬有加。

这是最好的时光，不用奢望持续多久，就像不必担心何时结束，只要知道这是他为自己争取到的快乐，就够了。世间熙熙攘攘，人的一生往往庸庸碌碌，被四面尘埃牵绊，迷失了生命的方向，能有一次抛下一切障碍专心做一件事，只为自己，已属不易。

仓央嘉措的这件事便是寻找自我，追求自由。自由于他，是享受尘世的幸福：年轻的热情、平凡的乐趣，还有那教人魂牵梦萦、生死相许的爱情。

一心为自己做事必然要承受重重阻力。人不能单独存在于世间，从出生开始便在不自觉中编织着一张复杂的关系网，这张网既是存在的保障，也是发展的阻碍。只要有人想单独行动，立即就会感到来自各个方向的牵制。所以，那些最终挣脱束缚、特立独行的人尽管坚毅而潇洒，却也承担着对等的负重。因为艰难，他才更愿意孤注一掷，义无反顾。

推开酒馆的木门，女店主依旧热情地招呼傥桑旺波，客人们的笑声夹杂着酒壶酒碗清脆的碰撞声涌入双耳，仓央嘉措感到归家一般的亲切。

店主照旧端出一壶上好的青稞酒，同她的贵客心照不宣，径直送入于琼卓嘎守候的房间。一对玉石酒碗摆好，女店主望了两人一眼，道声"二位慢用"，便笑着关门而去。

于琼卓嘎闪着一双动人的眼睛看着恋人，几天未见，此刻心里满是欢喜。忽然又觉得有些不对，奇怪地问道："才几天不见，你的头发为何长出一寸多？"

仓央嘉措下意识地摸了摸自己的发辫，这是剃发之后拉旺给他新买来的假发。他迟疑了，心中犹豫着要不要把自己的真实身份告诉于琼卓嘎。很难想象，当于琼卓嘎听说自己的情人就是布达拉宫里的六世达赖喇嘛，她会有怎样的反应——会怨恨自己长久隐瞒身份而欺骗她的感情？会害怕违逆佛法而不敢和自己交往？还是会因为看到这份爱情注定没有结果而悲伤落泪？要告诉她真相吗？

如果不讲实情，这个不相称的发辫要如何对她解释？还要将谎言一个接一个地编织下去吗？曾经被问到家族门第时，仓央嘉措只说自己叫傥桑旺波，以其他托词回避了来历，没想到于琼卓嘎竟也没有追问下去。对恋人来说，一往情深的清风足以吹散朵朵疑云，相比之下，仓央嘉措觉得自己的隐瞒是这样自私。他担心于琼卓嘎就此离开自己，可是即便不以实情相告，他们最终也不会有圆满的结局，那不如表白身份，尊重恋人的意愿，让她自己做个选择。毕竟，爱并非占有。

"喂，你怎么不说话呢？"看着仓央嘉措犹豫时愣头愣脑的神情，于琼卓嘎咯咯笑起来。

她就站在眼前，毫无猜忌地笑着，一种莫名的感动瞬间湿润了仓央嘉措的双眼，他终于开口："你……你知道我是谁吗？"

"你是我的傥桑旺波啊。"于琼卓嘎脱口而出。

"除了这个呢？"仓央嘉措忽然不知道该怎么告诉她。

"你是个好饮酒、善写诗、倜傥潇洒的贵族公子，可你又住在威严神圣的红山上——"

仓央嘉措忽然瞪大了眼睛。

"你不愿意高高在上受千万人膜拜，却偏偏喜欢到拉萨酒馆和一群同龄人

第四章　叛逆者

饮酒作乐，还爱上了一个平凡的姑娘。"于琼卓嘎平静地讲完了。仓央嘉措愣在那里，只有两滴眼泪滑落脸颊。

他哽咽着："你早就知道我是仓央嘉措？"

"当然。除了少数没有官职的贵族，大多数贵族家庭都居住在拉萨城里，哪家贵族公子酒店老板不认得？可她就是打听不出你的来历。而关于六世达赖喇嘛的传闻，这大街上还少吗？"

"你都知道，却还愿意和我在一起？为什么……"仓央嘉措哭得像个孩子，视线中，于琼卓嘎温柔地拿出手帕为自己拭泪的素手变得模糊起来。

"因为我喜欢的是你这个人，你是什么名字什么身份都不重要。"

"可我是不能结婚的，对不起，我不能娶你……"

"不要这样讲，遇见你已经是我最幸福的事。如果只为了结婚，爱情本身还有什么价值？"

两人紧紧相拥在一起，一番肺腑之言濡湿了年轻的脸庞。如果高原上的神佛看到这对跨越凡尘与佛界的恋人，也会为之动容吧。

宋代晏殊有一首《浣溪沙》：

一向年光有限身。等闲离别易销魂。酒筵歌席莫辞频。
满目山河空念远，落花风雨更伤春。不如怜取眼前人。

对仓央嘉措和于琼卓嘎来说，花时间忧虑未来是一种奢侈。卸去浪荡公子宕桑旺波的面具后，仓央嘉措反而更像个凡人，更畅快地喝酒、唱歌。与于琼卓嘎之间也少了一重屏障，两颗心靠得更近了，他们已经做好了一起面对未来任何可能的准备。

只是没有想到，结局来得那么突然。

送走恰纳喇嘛之后，桑结嘉措比以往更加谨慎，也更加密切地关注着仓央嘉措的行踪。一日傍晚，桑结嘉措去了德丹吉殿想与仓央嘉措谈些政务，让他对局势加深认识，虽然退了戒，言行还是要有个尺度。

门一开，拉旺连忙向第巴请安。问起仓央嘉措，拉旺支支吾吾地说道："佛爷刚刚下山，又去了酒馆。"

都什么时候了，竟还不知悔改！桑结嘉措心中愤怒，转身刚要迈出门去，又回头问："佛爷不是刚刚剃过发吗？如何去酒馆？"

"佛爷戴了假发。"拉旺不敢大声回答。

"哪里来的假发？"

"是我……"

"拉旺，侍奉佛爷是你的荣幸，要辅助佛爷多为众生谋福。现在形势混乱，你还敢撺掇佛爷下山！万一有半点闪失，唯你是问！"桑结嘉措狠狠瞪了拉旺一眼，拂袖而去。

拉旺弓着身子，细密的汗珠从额头渗出，半晌才从第巴的训斥中惊醒。

那天一回到寝殿，仓央嘉措就听拉旺慌慌张张地说起第巴来过的事情。虽然仓央嘉措胸无城府，但作为服侍在他身边的侍从，拉旺熟悉各种利益关系，对周遭形势有着敏锐的嗅觉。以往，他选择遵从佛爷的意愿，这次，他越发觉得事态不妙，一再请仓央嘉措行动谨慎，最好暂时不要下山了。

但仓央嘉措哪里肯听，和于琼卓嘎正如胶似漆，恨不能直接搬出布达拉宫。眼下既没有戒律管束，也无须面具伪装，他沉浸在坦坦荡荡、真真切切的爱情里，即使暴雨倾盆，或大雪封门，也不能阻止他与于琼卓嘎相见。

也许仓央嘉措清楚前路的危险，可是爱让他不能自已，像暗夜里的一只飞蛾，倾心于火光而不惧灼热。夜色越黑，越需要光与暖，越不惧怕毁灭。

很多事，直到发生时，才发现自己的心理准备远远不够。

又一次推开熟悉的门，各桌端着酒碗的客人把目光一齐投向仓央嘉措，唱歌弹琴的人也停下了。仓央嘉措正想和大家热情地打个招呼，忽然瞥见女店主异常沉默，脸上挂着阴郁的颜色。今天小酒馆里的一切都让人摸不着头脑，仓央嘉措有些紧张地询问店主发生了什么，还没等店主回答，他发现他最想见到的于琼卓嘎没有出现——一颗心瞬间沉落了。

空白的脑海里有什么东西嗡嗡作响,似乎酒馆里有人在叹气,他断断续续接收到女店主回答的片段:"……不知为何第巴大人派人来……威胁……回到工布……"

仓央嘉措没想到桑结嘉措会从于琼卓嘎入手来阻止自己。不知道他都对于琼卓嘎说了什么,仓央嘉措一遍遍想象着于琼卓嘎所受的惊吓和胁迫,她离开拉萨城的那一刻,是否流出了悲伤的泪水,是否怪他没能好好保护心爱的人,是否会更为他担心,是否还会追忆一同拥有的时光,当作珍宝深藏于心?

因为他们说过,最温暖的回忆抵得过所有的黑暗。

可仓央嘉措抑制不住胸中的伤痛,似乎每一场相遇都是为了一次别离。仁增旺姆离开了,达娃卓玛离开了,如今于琼卓嘎又黯然离去。他仓央嘉措此生注定是支离破碎的一生——谁让他是至高无上的达赖活佛,谁让他恰好遭逢高原的多事之秋?

一壶接一壶的青稞酒在回答他对命运的质问。

很久没有在子夜赶路了,仓央嘉措摇晃着酩酊的身子,离开了曾经凤歌鸾舞的小酒馆。漫天星斗,冷冷清清地照着他回宫的长路。

事情并没有就此完结。于琼卓嘎被桑结嘉措赶出拉萨后,仓央嘉措便整日失魂落魄地枯坐在德丹吉殿,不去喝酒唱歌,不去划船射箭。生活就像戛然而止的道路,往前没有出口,往后没有退路。没多久,人就消瘦下去,茶饭不思,只在纸上写些肝肠寸断的诗句:

那山的神鸟松鸡,
与这山的小鸟画眉,
命中的缘分已尽了吧,
中间产生了魔难。[①]

[①] 庄晶整理翻译:《六世达赖喇嘛仓央嘉措情诗(藏汉文本)》,北京:中国藏学出版社,2010年版,第38页。

到处在散布传播，
腻烦的流言蜚语。
我心中的爱恋的情人，
眼睁睁地望着她远去……①

蜂儿生得太早了，
花儿又开得太迟了，
缘分浅薄的情人啊，
相逢实在太晚了。②

布达拉宫里，还是拉旺最关心仓央嘉措。拉旺一再提议请他去龙王潭走走，怕他整个人从此一蹶不振。仓央嘉措终于被劝动，带了拉旺和五六个随行仆人出了布达拉宫。

天气还不错，龙王潭水倒映着静止的云朵，让人生出永恒的幻觉，可清风从柳梢吹来，轻易就吹皱了湖面。仓央嘉措并无兴致，随便拉了拉弓，便让仆人收拾好箭筒。坐在岸边的林子里，他喃喃道：

去年栽下的青苗，
今年已成禾束。
青年衰老的身躯，
比南弓还要弯曲。③

此时，一行人还不知道灾祸已经悄悄埋伏在周围。当天夜里，在仓央嘉措与随从们回宫的路上，突然冲出几个蒙面人，各持利刃，毫不留情挥刀便砍，

---

①庄晶整理翻译：《六世达赖喇嘛仓央嘉措情诗（藏汉文本）》，北京：中国藏学出版社，2010年版，第34页。
②同上，第32页。
③同上，第1页。根据藏学专家校正，"弯曲"应为"僵硬"。

但似乎有意避开了仓央嘉措。短短片刻却触目惊心，一个仆人被乱刀砍死，倒在路边，惨不忍睹。拉旺的肩上也受了刀伤，看着同伴的尸体，他眼里噙满了泪水，又忽然醒悟到什么，失声痛哭起来。原来，这天被杀的仆人穿了拉旺的衣服，被误认为是拉旺本人而遭横祸。看来，凶手的目标是除掉给佛爷游乐提供便利的侍从。

惊魂未定的仓央嘉措即刻赶往桑结嘉措家中，质问道："不知第巴大人是如何管理治安的，圣殿脚下竟会发生凶恶之事，究竟什么人敢杀我的仆人？请你务必给我一个交代，查不出嫌犯，唯你是问！"

过了些时日，仓央嘉措并没有等到满意的回复。桑结嘉措只有简单的回应："查不到凶手。"这让仓央嘉措感到愤怒，身为达赖喇嘛，自己的命令却得不到该有的尊重和执行。他决定亲自查办。

用了几个月的时间，凶手被逮捕了——竟然是桑结嘉措的亲信。不必多说，自然是桑结嘉措的主意。仓央嘉措即刻将几位嫌犯交给拉藏汗处置。狡猾的拉藏汗既想挑拨仓央嘉措和第巴的关系，又想给第巴点儿颜色看看，声称要将嫌犯全部处死。

为了自己人，桑结嘉措不得不低下头向拉藏汗求情，但被回绝，处置结果更让他怀恨在心：他的几位亲信，除了一人被拴在烧红的铜马上游街，其余几人全被处以血刑。

这是歧路丛生的1703年，仓央嘉措丢掉了生命中最后一位挚爱的恋人，失去了一名朴实平凡的仆从，而拉藏汗对嫌犯的处决方式也让他难以接受。他的确嫉恶如仇，但并不阻碍他怀有恻隐之心。善良单纯的秉性使他看不到拉藏汗的来势汹汹，正是在这个精明老练的汗王继位之后，格鲁派政权才越发命途多舛。

两虎相争，必有一伤。在仓央嘉措看不到的黑暗中，桑结嘉措与拉藏汗对峙的目光越来越尖锐，剩下的和平之日越来越少。

第五章
生 死 劫

你有自撰的墓志铭
却没有一块可以刻上去的墓碑
我走遍青藏高原
也没找到你坟墓的遗址
这正是诗人的伟大之处：
你有过最难忍耐的颓废
却就是没在人间留下废墟

——洪烛《仓央嘉措心史》

破碎时世

又一个冬天，拉藏汗从达木牧场回到拉萨的甘丹康萨宫悠然度日，一边享受生活，一边观察着桑结嘉措的动态。

靠在椅子上，看着窗外大雪纷飞，汗王正在畅想执掌全藏的明媚未来。

仆人慢慢走进来，端上一碗热气腾腾的酥油茶。这个仆人已在府上多年，名叫丹增旺杰。从前，拉藏汗对他并未留意，只是近来发现他是个谦恭细致的人，执行自己的吩咐毫无差错，甚至会比自己考虑得更多，服侍无微不至，府上还没有哪个仆人比他更用心。

接过这碗精制的酥油茶，拉藏汗对丹增旺杰满意地笑了笑，随手拿起一只银勺放在碗中搅动，眼睛还望着窗外飘飞的大雪。丹增旺杰不由得心里一颤，平时拉藏汗都不用勺子的。他在心里慌乱地祷告，希望拉藏汗不要低头看碗，快快把酥油茶喝下去。但这种期盼是多么渺茫。

端起碗来，刚要放到嘴边——嗯？他分明瞥见银勺炳由银白变成乌黑！

望着手中的茶，拉藏汗的怒火越烧越旺，"哗"的一声将茶泼到旁边的牛肉上，碗摔到丹增旺杰的脚边，碎成两半，而那一整块牛肉瞬间变黑了。屋内所有人的目光都集中在丹增旺杰身上，尤其是拉藏汗那双兀鹫一般凶悍的眼睛。

而后，殿里传出丹增旺杰惊恐的求饶，当然那是徒劳的。

很快，手下人便调查清楚，桑结嘉措花重金收买了内侍丹增旺杰，企图毒死政治对手。以忠心的服侍取得了拉藏汗管家的信任，丹增旺杰终于在那天把藏在指甲中的毒粉弹入茶碗。

西藏毒药有"凉毒"和"热毒"两种，中了"凉毒"的人，会在漫长的岁月中不知不觉枯干黑瘦，最后死去；而中了"热毒"的人很快就会毙命，几乎没有挽救的机会。那天，如果酥油茶中的"热毒"没有被拉藏汗察觉，等待他的便是死路，而西藏的历史也将就此改写。[①]

第巴投毒了——伴随着拉藏汗在殿内的怒吼、丹增旺杰在死前的哭号，整个西藏都在流传第巴与汗王交恶的消息。街头巷尾，人们紧张惶恐地传告着双方已经撕破脸面，猜测着开战的日期。多事之秋，拉萨城里的舞乐声日渐稀落，往日欢畅对饮的朋友如今见面就互相打探上层府内最新的动向，第巴与蒙古汗王成了人们谈论的焦点，他们的喜怒关系着全藏人民的安危。

而听闻丹增旺杰失败被杀的消息后，桑结嘉措并没有乱了阵脚。计划投毒本就是一次危险的赌注，要么一击即中，要么决一死战。事已至此，他早就做好了破釜沉舟的准备。回首二十余年，为了格鲁派的利益，为了自己的权势，他承受过来自各方的压力：蒙古政权的敌对、大清皇帝的斥责、全藏僧众的质疑，还有他亲自安排找寻并培养的达赖喇嘛的反抗。顶着这些压力，他竟然也一步步走了下来。累了没有？他很少这样问自己。

桑结嘉措预感到，最后的决战即将展开，拉藏汗就要出场了，他必须做好准备，等待接招。

冬天就要过去了，西藏政治局势依旧胶着。一场宗教法会能成为融化冰雪的火把吗？

转过年就到了正月的传大召法会。这是西藏最大的宗教节日，又称"大祈愿法会"，藏语叫作"默朗钦莫"，意思是大祈愿。传大召法会在藏历每年正

[①] 一说拉藏汗中毒，因有嘉木样协巴的祷告和圣水而得救。见意大利学者伯戴克所著《十八世纪前期的中原和西藏》。

月初四到二十四日举行。届时,拉萨哲蚌寺、色拉寺、甘丹寺三大寺的僧人及各地信众将汇集于大昭寺朝佛布施。这是由格鲁派始祖宗喀巴大师在1409年举行的祈祷大会延续而来的,当时受西藏帕竹地方政权的支持,格鲁派联络藏传佛教诸教派共同戮力,振兴佛法,严守戒律,继而筹集资金修饰大昭寺的殿堂、佛像、法器、壁画等设施。五世达赖喇嘛又为法会增加了拉然巴格西[①]录取考试和驱鬼仪式等内容。

1682年,桑结嘉措对应"传大召"创立了"传小召",也称"会供法会"或"小祈愿法会"。传小召在藏历二月,正是五世达赖喇嘛圆寂的日子,而桑结嘉措先前匿丧不报,故于忌日托名创建节日以作为纪念。

祈福的日子里,人们多少会用祈福的色彩遮挡起灰暗的谣言。悠长的法号声从大昭寺传出,处处可听到虔诚的诵经声,千盏供灯立于佛堂,闪闪烁烁。大昭寺被飘扬的经幡和升腾的香烟包裹,接纳所有的信徒,不论富贵贫贱。

那缭绕的香烟并不意味着沉静与神圣,桑结嘉措透过弥漫的佛香嗅到了不祥之气,那是山雨欲来的疾风裹挟着泥沙扑面而来的味道。他劝说仓央嘉措不要在法会上为僧众讲经,这正合仓央嘉措的心意,而桑结嘉措担心的是达赖喇嘛的安危。

不出所料,当检阅西藏和蒙古骑兵时,第巴与拉藏汗红了眼,冲突一触即发。

佛门最忌讳战争与伤亡。西藏两个最高首领的干戈相向惊动了正在沐浴佛光的僧人。拉萨三大寺执事立即给居于日喀则的五世班禅去信,请求其前来一同调解矛盾。几天后,不见五世班禅,他的代表卓尼嘎钦多吉抵达拉萨,与三大寺执事、安多地区高僧以及嘉木样协巴一起,辗转于第巴·桑结嘉措与拉藏汗之间进行斡旋。

[①] 拉然巴格西:一等格西。格西为藏传佛教显宗学位名,意为"善知识"或"良师益友"。拉萨三大寺的格西学位分为四等:一等"拉然巴",二等"措然巴",三等"林谿赛",四等"朵然巴"。拉然巴指佛学知识最渊博者,每年只取十六名。

第五章　生死劫

一年以来，德丹吉殿里的气息越来越沉闷。在红尘中潇洒一番之后，仓央嘉措遭遇的或软或硬的阻挠让他日渐消沉。而外界不断传来时世混乱的讯息，他无法回避。现在，桑结嘉措与拉藏汗公然展开较量，身为宗教最高领袖，他如果不做出任何回应，岂不真的等同于傀儡？

在五世达赖喇嘛的灵塔前，由六世达赖喇嘛仓央嘉措主持的重要谈判开始了。除了三大寺执事和卓尼嘎钦多吉、嘉木样协巴，政府各部要员与蒙古王公也都赶到谈判现场，最重要的一位出席者是拉穆降神人。所有人都将听从降神人对这场冲突的处理决定。

西藏大寺有乃琼、拉穆、噶东、桑耶四位护法神。此前，桑结嘉措决定迎请六世达赖喇嘛坐床的日期便是乃琼护法神的旨意。与古希腊德尔菲神庙的祭司一样，降神人相当于护法神的替身，作法时，护法神就附在降神人身上，借降神人之口宣布神对祸福吉凶的判断，藏语中将护法神称为"垂仲"，将降神人称为"古丹"。拉穆护法神是历代班禅的护法神，其地位甚至超过了乃琼护法神。

在众人的注目下，垂仲仪式开始了。僧侣们的诵经念咒声不绝，焚香虔拜后，只见拉穆降神人头戴金盔，身穿铠甲，背插五面小旗，周身扎束白色哈达，脚蹬虎皮靴，手执弓刀，登上中央法坛。

众位僧人围着降神人绕转诵经以请神降临，念到神完全附体时，降神人突然起身狂跳，挥刀旋转，边舞边问："所求何事？"

"请问拉藏汗与第巴——福田、施主二人之间的矛盾如何解决？"

在场的人都屏住呼吸，瞪大了眼睛，伸长了耳朵。拉藏汗与桑结嘉措更是把心提到了嗓子眼。只听降神人用怪异的声音回答道："第巴·桑结嘉措当辞去地方政务，将山南贡嘎宗拨予其为食邑；拉藏汗保留'地方政府蒙古汗王'的称号，但当离开拉萨，返回青海驻牧。"言罢，降神人双手拧刀，将刀弯成三四卷，甩刀坠地，自己也仰卧倒下，这表示神要离开他的身体了。众位僧人又念经焚香，恭送神灵远去。而各位高僧官员还在回味刚刚的神谕，各怀心事。

这无疑是个听起来可以平息冲突的决定。与其说是神的劝告，不如说是西藏地方政府想直接驱逐蒙古势力的意志表达。

桑结嘉措并不怕卸任，他只要把第巴一职传给自己的儿子阿旺仁钦，权力还是握在自己人手中，卸不卸任便无所谓了。可他不甘心只让拉藏汗退回青海，担心会给拉藏汗留有卷土重来的机会。于是，桑结嘉措向诸位高僧问道："逮捕汗王如何？"顿时，全场鸦雀无声，没有人预料到第巴竟要斩草除根，也没有人敢直接表露意见。只有嘉木样协巴坚决反对："若是逮捕汗王，我立即退出会议！汗王亲族皆驻于青海湖边，他们不会与我等善罢甘休。"此话一出，诸位高僧立即附和表示赞成，拉藏汗于是躲过了一劫。

整个会议上，仓央嘉措没有说太多。他从未主持过这般严肃紧张的会议，虽然知道局势的严峻，但毕竟政治不像诗歌一样只需要天赋和诚挚。这几年，桑结嘉措没有给他实权，他自己也对政教之事漫不经心，政客的城府是他那颗纯粹之心难以捉摸的。而降神人的决定让他稍稍舒心了一些，看来动乱的可能将就此消失了，桑结嘉措卸任也能给自己减少些管束。想到这，仓央嘉措满意地笑了。

拉藏汗对于决议没有提出质疑，很干脆地答应撤离拉萨。不久之后，人们就见到蒙古军队浩浩荡荡，从拉萨一路向北而去。但拉藏汗并没有直接退回青海，蒙古部队行进速度很慢，在羊八井、达木等地驻留多日后，才缓缓抵达那曲。然后，拉藏汗不走了。

蒙古部队确实离开了拉萨，桑结嘉措放松了警惕。他并没有遵守协议退回贡嘎，而是留在布达拉宫，在儿子身后继续干预地方政府事务。

有人受拉藏汗之命，暗中前往青海，调集蒙古骑兵万余精锐汇集于那曲。不甘心失去祖传权力的拉藏汗以第巴失信为借口，准备率军折返拉萨。

消息来得有些突然，仓央嘉措还沉浸在短暂的和平中，不知身后的危机正一浪高过一浪。年轻的达赖喇嘛一面亲自给拉藏汗写了一封信，试图劝阻他不要挑起战争，一面又派人通知三大寺和五世班禅，请他们派代表前去那曲继续调解。五世班禅仍然派卓尼嘎钦多吉同三大寺代表劝说拉藏汗。但这次，任何人的劝阻都无济于事。

迫在眉睫之际，桑结嘉措紧急下令，征调卫、藏、阿里、西康的藏族民兵集中拉萨，严防拉藏汗的进攻。

矢在弦上，不可不发。

六月，蒙古大军出发了。当桑结嘉措还在调兵遣将时，拉藏汗已经到达腾格里诺尔以南的达木庄园，沿着达朗塘所在的番禺河谷越过拉萨北山，在此兵分三路：他亲自率左路一队经喀木隘口；图固宰桑带领中路一队翻越果拉山口；他的王妃次仁扎西率右路一队通过堆龙谷地。

拉藏汗直逼拉萨的消息传到日喀则的扎什伦布寺，班禅深锁双眉，即刻动身，轻骑简从，亲自赶赴拉萨。行至无尤宗①时，班禅先派人给仓央嘉措急送一封信，询问前方情况如何，他来拉萨是否适宜。

当时，三大寺代表正迎着拉藏汗的方向，前去再度劝阻，结果如何还不清楚。仓央嘉措为慎重起见，劝师尊暂时不要来拉萨，先在无尤宗等候消息。

果然，最后的调停失败了。双方主力在拉萨以北的果拉山口展开对决。当西藏的民兵面对彪悍的蒙古骑兵，结果不言自明。别忘了，格鲁派之所以请固始汗驱逐藏巴汗，正是看中了蒙古的军事实力。

藏族司令多吉饶丹倒在了图固宰桑的刀下。藏族士兵更是抵挡不住敌军凌厉的攻势，死伤无数。最终西藏民兵全线崩溃。

实力悬殊的战役没有拖延多久，桑结嘉措丢盔弃甲，狼狈地跳上牛皮船，沿拉萨河逃到曲水，率残部退往山南贡嘎庄园。他没想到当初谈判决议中指定他退回的地方，竟成了他的逃亡之地。

五世班禅很快就接到了仓央嘉措的另一封信，信上说：第巴军队已被拉藏汗击败，现在又受到拉藏汗的追捕，危在旦夕；已派出三大寺代表出面为桑结嘉措担保。班禅感到自己必须出面，便离开了驻留十余日的无尤宗，快马加鞭赶赴山南。考虑到处境的安危，他再次先遣一人前往贡嘎，若得到双方同意，自己便去调解。

---

①无尤宗：今日喀则市南木林县乌郁村。

但桑结嘉措并不走运，还没等到调停者抵达，便被蒙古军生擒，押送到蒙古王妃次仁扎西的堆龙谷地军营。桑结嘉措预料到将会发生什么，他要见到的不只是一名敌军首领——次仁扎西是他多年来纠缠不去的一个名字。

历史像开玩笑一样，喜欢把对立的政治人物安置在纷繁复杂的私人关系中，人们便以政治与私情相互印证，得出一番似乎意味深长又充满噱头的评说。相传，嫁给拉藏汗之前，次仁扎西是桑结嘉措身边的一个爱慕者。或许在守戒律方面，桑结嘉措并不比仓央嘉措好多少，几分风流，几分多情，却同样碍于身份不能太过放纵。

于是，已经娶妻生子的第巴大人虽与次仁扎西两情相悦，但终究没有结果。桑结嘉措宣布断绝关系的那天，次仁扎西的眼中充满羞恼又愤恨的泪水，用威胁的口吻说："桑结嘉措你记住，开罪于我是绝没有好下场的！"

谁又能料到她日后的丈夫竟是西藏另一掌权者，且与桑结嘉措针锋相对；谁又能知晓故事的结局真的应了次仁扎西的话，在军营中再次相见，曾经的情侣早已反目为仇，而一个是胜王，一个是败寇。

次仁扎西紧紧盯着眼前被绑缚的桑结嘉措，身体在不自觉地颤抖。相比之下，桑结嘉措更平静些，镇定片刻，抬起头望了望多年不见的故人。陈年的悲喜交织成短暂的尴尬与沉默，却再也不被谁拾起。

终于，桑结嘉措开口说道："我是身怀御赐之印的官员，你无权审处我，还是把我交给朝廷或你的丈夫吧。"

性情刚烈的王妃愤怒了，她只感到桑结嘉措言语之间对她的不屑。这时，有士兵来报：三大寺高僧正往军营方向行进，已经绕过堆龙沟口的大桥了。

次仁扎西的眼睛闪动着，不是泪水，而是烈火。她绝不放过报仇的机会，与这个纠结无果的情人终于要了断所有过往情仇。次仁扎西当即下令，把桑结嘉措拉出去斩杀。

夏日午后，布达拉宫的佛堂中，传来一串紧密而清晰的弹跳声，如急雨般打在地上。仓央嘉措手中的佛珠散落一地。

几位高僧最终没能见到桑结嘉措最后一面。五世班禅行至贡嘎时，听说交战双方的事情已经解决了，没有机会再做任何调解和挽救。

据说没过多久，怒杀第巴的蒙古王妃次仁扎西也亡故了。亲手结果了得不到的爱人似乎就完成了一件大事，此生再没有什么心愿了。

七月的阳光穿过布达拉宫的廊柱，广阔的天宇下，金色和红色将高原渲染得一片明媚，但万物静默不动，光阴也仿佛停滞了。所谓永恒大概就是这样，明亮，却无声，静得有些空旷，分不清悲喜。

这里的一座殿宇要换主人了。两个僧人拾级而上，一前一后走进了第巴办公的房间。阿旺仁钦还在家中为父亲料理后事，这里没有人，一切陈设都沉默得像冬夜。

仓央嘉措从前很少来这里，他是那么厌恶桑结嘉措，好为人师，处处设障，热衷于权势倾轧，身怀城府，野心勃勃——自己与他披着同一宗教的袈裟，却各自做着截然不同的梦。然而，他们之间似乎有着永远扯不断的联系。桑结嘉措对转世灵童的确认直接改变了阿旺嘉措的一生，入寺学习，坐床，失恋，失去自由，破戒，活佛不像活佛，凡人不像凡人。桑结嘉措甚至还赶走了他的恋人，杀害了他的仆人……

就在上个月，行军前，桑结嘉措还郑重拜见了仓央嘉措。那天的德丹吉殿因桑结嘉措的到来而气氛沉重，他艰难而用力地说："佛爷，请原谅，我只有孤注一掷了。拉藏汗对你我疑虑甚多，我此去若不能回，请佛爷自己保重，千万不要再沉溺酒色了。"

现在想来，仓央嘉措心中只有悲凉。这个与自己的命运相互交织的人，忽然永远离开了。从前，桑结嘉措把权力全部攥在自己手中，也承担着一切责任，虽然这堵高墙挡住了仓央嘉措的自由，但他也由此可以在墙里任性恣意，免受风刀霜剑的侵袭。现在，这堵墙坍圮了，不懂政务、行事乖戾的年轻人忽然失去掩护，暴露在政敌充满质疑的目光下。原来，唇亡齿寒的感觉那么刺骨。

然而，会有人替死去的桑结嘉措说话吗？他不仅是和硕特部王族的凤敌，还早早就得罪了清朝皇帝。从隐瞒五世达赖喇嘛的圆寂到阻止五世班禅赴京朝觐，并暗中唆使噶尔丹肆意侵占其他蒙古部落，桑结嘉措完全站到了清朝中央集权的对立面。康熙皇帝几次动怒，一封封诏书让他惶恐不安，如履薄冰，他很想争取康熙皇帝的支持，却又一次次弄巧成拙。

走到第巴平日办公的桌案旁，仓央嘉措停下脚步。翻开一摞纸，看到两部书稿：一本叫作《法典名鉴》，一本叫作《文化史集》。旁边叠在一起的是那三部名著：《医方典籍及四大续部释文》（又称《蓝琉璃》），《浦派历算嘉言》（又称《白琉璃》），《格鲁派教法史黄琉璃》。桑结嘉措的学识是无人质疑的，他带领学者们把藏族文化梳理成章，天文历算、医药法典、宗教历史……每个领域都留有他亲自耕耘的身影。

抚摸着一页页粗糙厚重的纸，串串熟悉的字迹勾连出第巴复杂激荡的一生。案头还放着一部未完成的书稿，题为《一切智六世达赖洛桑仁钦仓央嘉措殊异秘传金鉴》[①]。仓央嘉措颤抖着双手，用湿润的眼睛浏览着熟悉而陌生的记载，从出生一直到如今，仓央嘉措感到二十余年的人生都被一个人关切地注视着，这里记录了他近乎忘记了的乌坚林，他留恋的错那宗，他不喜欢的典礼与经课，他的离经叛道，以及与第巴之间的种种龃龉。诚然，在桑结嘉措笔下，这部传记渲染了必要的宗教色彩，可除了自己的诗歌，再也没有什么能完整记录仓央嘉措一生的点点滴滴了。

他有些怀念第巴，尤其怀念在巴桑寺时与之通信的那个温厚的长辈。不知不觉中，两行清泪滑落袈裟。

建立清晰公正的行政制度，修造大批寺庙佛像，留下二十余部文化著作，然而最终殒命敌手，悲凉地结束了一生，谁能说清桑结嘉措究竟做错了什么呢？历史的马车从不停留，被车轮甩向背后的灰尘经过短暂的飞扬之后，都将零落成泥，无论显赫还是卑微，无论英雄还是逆子。

[①] 又称《六世达赖秘传》或《金穗传》。

都说他是迷失菩提

趾高气扬的蒙古汗王如愿以偿，终于成为西藏最高的掌权者。除掉了桑结嘉措这个心腹大患后，他有些忘乎所以了。蒙古大军挺进拉萨时，伤及僧众，损毁庙宇，甚至杀害了色拉寺下密院的执事。很多寺庙对拉藏汗的行径充满敌视，这反而又增加了他的狂怒。尽管嘉木样协巴一再劝阻，鞭挞、监禁等事还是在西藏各地不时发生。

两虎争霸结束之后，僧人和百姓所受的殃及并未结束，他们看到了拉藏汗更多的凶悍。长此以往，拉藏汗的统治地位不会稳固。而他也开始意识到自己要面临的其他敌人——地位不可动摇的六世达赖喇嘛。

虽说仓央嘉措的叛逆行为早已传遍西藏民间，但丝毫改变不了他被视为观世音菩萨化身这一似乎与生俱来的事实。他是西藏万众的精神领袖，即使他本身没有多少应有的作为，要想除掉他恐怕不比打败桑结嘉措容易。

仓央嘉措本身并不威胁拉藏汗的统治，可谁叫他是桑结嘉措一手推立的达赖喇嘛呢？早在一起宴饮射箭的日子，拉藏汗就知道这个年轻人胸无城府、坦荡率性，可惜在他所处的政治圈子里显得过于天真。为了夺回家族荣誉，拉藏汗只能以仓央嘉措的"劣迹"为借口攻击政敌桑结嘉措。如今，桑结嘉措已被顺利除掉，他曾指控的"假达赖"自然也不能留，否则就会自相矛盾。对不住了，仓央嘉措。一丝同情从拉藏汗心中闪过。只是，历史从来不缺无辜者。

所有涉及佛教的问题，在西藏都要处理得格外谨慎。拉藏汗担心废黜仓央嘉措会招致全藏信众的反抗，于是决定先从格鲁派高层僧侣开始做工作。

拉藏汗很清楚宗教对社会稳定的重要性，因为藏传佛教同样是蒙古各个部族的宗教信仰。相传，早在13世纪初，成吉思汗向西藏进军时，藏传佛教便开始传入蒙古，并受到元朝统治者的崇奉。受各方面条件限制，起初藏传佛教一直是宫廷贵族的信仰，统治者对上层僧侣十分抬举，授予了许多特权，有些甚至被封为国师，成为贵族阶级的成员。但藏传佛教并没有在蒙古下层扎根，因而随着元朝政权的瓦解也逐渐消失了。直到16世纪后期，在阿拉坦汗的扶持下，藏传佛教再度于蒙古地区传播起来。得到蒙古全民信奉的藏传佛教被视为稳固统治的工具，得到统治者的支持。如今蒙古地区僧人众多，寺庙林立，就是从那一时期开始发展的。

而拉藏汗本人也非常崇信格鲁派。他所敬奉的高僧有两人，其一是他的经师嘉木样协巴阿旺尊珠，另一位就是五世班禅罗桑益西。

进驻拉萨后不久，拉藏汗便派人赴日喀则扎什伦布寺拜访五世班禅罗桑益西，随之带去的还有大量贵重的金银珠宝。不菲的赠礼正是为了换取班禅对废黜六世达赖喇嘛一事的看法。可班禅回答，他不能对此事发表意见，若由拉藏汗和三大寺代表向护法神寻求建议将更为妥善。但拉藏汗是否听从了班禅的建议，降神的结果如何，都无从得知，历史文献中已找不到更多的记录。

被蒙古军队损毁的寺庙也得到了拉藏汗的补偿——与其说是补偿，不如说是拉拢。拉藏汗佯装诚恳，还将原属桑结嘉措的仲美庄园赠送给色拉寺，以为只要献足了殷勤，便可取得宗教上层的支持。

西藏军事冲突的消息传到京城时，显然有些晚了。惊动之下，康熙皇帝派出恰纳喇嘛和阿南卡赴藏调停，想不到拉藏汗下手迅速，两人抵达时，早已烽烟消散，只剩下拉藏汗一方快意地咀嚼着胜利的果实。

对于桑结嘉措，康熙虽然对他当年包庇噶尔丹的罪过耿耿于怀，但并不想杀掉他。当两位使者追问桑结嘉措的死因时，却见拉藏汗闪烁其词，顾左右而言他。综合民间访查的信息，使者大致猜出了事情的真相，两人没有久留便回京呈报了。

第五章　生死劫

他们一走，厄运便降临到仓央嘉措头上。拉藏汗觉得万事俱备，自作主张开始攻击仓央嘉措，史无前例地创造了一个专门审判达赖喇嘛的会议。

各地寺院的高僧大德被拉藏汗一一请至布达拉宫，拉藏汗暗想，凭借此前的大笔馈赠，这些高僧应当明白如何配合自己，他们都是宗教界掌握话语权的阶层，只要争取到他们的支持，任凭民间如何反抗也不足为虑。如此，桑结嘉措的势力便可彻底清除，兴复家业指日可待。

云翳沉沉，阴霾蔽日，大风吹动宫殿里的经幡，吹得灯盏忽明忽暗。日光殿里一位位红衣僧人面色凝重，没有节日里悠长的法号，没有满载祈祷的风马，面对他们的是一个静默的青年，穿着至高无上的袈裟，却在等待一场"千夫所指"的批判。他看似单薄，但神色间透露着无畏的镇定，与他那众人皆知的特立独行相互映衬。

拉藏汗端坐在上，气势逼人，脸上飞舞着成竹在胸的神情，期待着快刀斩乱麻的快感。等主持会议的甘丹寺池巴顿珠嘉措简单开场后，拉藏汗便开始将仓央嘉措的罪名一一罗列：沉溺酒色，不守清规，滥作情诗，不事教务……当然，论证到最后不会忘记把他已故的政敌桑结嘉措拉进来——仓央嘉措是第巴为了迷惑众人、独断专权所立的假达赖喇嘛，应当立即废黜！

此话一出，整座大殿一片死寂。

拉藏汗本沉浸在自己的圆满论证中，忽然觉得气氛有些不对，现场并没有出现期待中的附和，只有外面的风声忽远忽近地响着。在座的高僧无不面面相觑，无声的眼神中交换着相同的焦虑。拉藏汗一眼瞥到仓央嘉措，见他正微闭着双眼，脸上没有一点慌乱，像在微笑，又像是入定。

又等了片刻，拉藏汗有些心慌，不知下面的僧人都在想些什么，为了防止有变，他又高声宣布："如果众位没有异议，事情就这样定了。"

这时，一位年迈慈祥的老者从僧群中站起，缓缓说道："汗王请慢。依我看，达赖佛虽然行为不检，但至多只能解释为迷失菩提之故。何况众所周知，尊者出生于宁玛派世家，仪轨与格鲁派有异。若以此判决其为伪达赖喇嘛，恐怕不妥。"

拉藏汗下意识地攥紧双手，他没想到第一个发言的人竟敢反对他的决议。

紧接着，另一位堪布起身，双手合十说："在下认为，汗王对于达赖佛所指的'劣迹'，其实是放下一切尊荣束缚，超然自在地游化世间，以菩提之心入之，以游戏之心出之。此乃佛家游戏三昧之大境界啊。"

显然，第一位高僧沉稳中肯的观点为全场凝重的气氛打开了一个出口。在他的带动下，相继站起第二位、第三位、第四位……大家纷纷为仓央嘉措辩护，言辞恭谨，却掷地有声。

有人说："从一世达赖喇嘛至今已有近三百年，从未听说有人怀疑达赖喇嘛的真伪，这是不容置疑的事实。"

有人说："六世达赖喇嘛的坐床是得到康熙皇帝认可的，还望汗王三思。"

……

众人越说越激动，拉藏汗的意图他们心知肚明，但此前的殷勤并没有博得各大寺院的好感。仓央嘉措是万万不可贬废的，他们要使出辩经的才学来捍卫格鲁派的精神支柱。没有一个人指责仓央嘉措，没有一个人迎合拉藏汗的指控，也没有一个人将仓央嘉措与死去的桑结嘉措联系起来。高僧们相互肯定，相互印证，结成了一道坚不可摧的墙壁，把仓央嘉措紧紧围在其中，挡住怒不可遏、虎视眈眈的拉藏汗。

"够了！"拉藏汗突然站起来，抬起两臂打断发言，"诸位不要忘记，当年我和策妄阿拉布坦之所以声明仓央嘉措不是真达赖喇嘛，是因为他亲自去扎什伦布寺退戒还俗，这也是人所共知的事实。事已至此，你们还为他辩解！今天的会审到此结束，我很快会向朝廷奏报此事，就让皇上来看看你们的说情有没有用处吧！"

压抑着怒火的拉藏汗说完便拂袖而去。随后，日光殿里一片红色在静默中涌动。

从第一位高僧发言起，仓央嘉措便不再镇定，所有高僧都为他一个人辩护，诚然达赖喇嘛的身份在众位高僧之上，但以年龄和阅历来说，他一个任性的年轻人却让这么多长辈费心保护，实在感愧。那一刻，他不厌恶佛法了，他真的感觉到殿中的神佛充满慈悲的力量，仓央嘉措的双眸噙满温热的泪水。

现在，众人即将散去。每人离开大殿的最后一件事是走到仓央嘉措面前，双手合十，默默祈祷片刻。仓央嘉措望着一个个或熟悉或陌生的僧人在面前虔诚地停留、离去，每副面孔都如佛祖一样深藏隐忍与慈爱，直到最后一人离去，他终于忍不住放声大哭……

诸位上师说他不过是迷失菩提而已，拉藏汗却认定他是假活佛，而仓央嘉措自己原本并不去考虑是是非非，他不过是个向往自由、热爱尘世的赤子。逃离了命运早已为他安排好的位置，去寻找他以为的快乐真谛，这样的选择有错吗？而既然失却了菩提之心，佛祖为何还对他如此包容？

回首过去的几年，他做过多少悖逆佛法的荒诞之事，多少人的规劝和恳求反而让他在红尘中越走越远。他当然没想过所谓的"迷失菩提""游戏三昧"，反而一再置庄严的神佛教义于不顾，他承认自己有时的确过于偏执，可是在倒错的人生中，他实在找不到可以安稳栖身的归处。

向着阳光深处疯跑，直到抵达黑暗，跌跌撞撞无路可去时，猛然发现，竟有从枯寂佛堂里传来的诵经声召唤他走出心灵的萧瑟。

哲蚌寺的尖锐时刻

回到噶丹康萨宫，拉藏汗像一头战败的狮子，垂头丧气，又不甘服输。他能率强劲的蒙古骑兵一举击溃第巴脆弱的民兵团，却在一群整日诵经传法的僧人面前无能为力。他想不明白，自己已经把各大寺院上上下下打点妥当，为什么他们还要对一个毫无用处的达赖喇嘛维护再三。

看来拉藏汗不得不做出违背广大僧俗意志的事了，只不过要用些手段，慢一些，软一些，万一触怒了整个西藏，再多蒙古士兵也难以对付。

拉藏汗立即书写一封奏折，向康熙皇帝汇报了西藏的情况，并再度请求废除第巴·桑结嘉措所立的"假达赖喇嘛"。信使连夜从拉萨出发，朝关内飞驰。高原的月色空旷荒凉，策马远去的影子牵动着全藏僧俗的信仰。

隆冬腊月，紫禁城上空大雪纷飞。九千多间殿宇上，琉璃与白雪相映生辉，地上的古树萧森干冷，零星的树叶已被冻得蜷曲易碎。每过一阵风，都能听见霰雪、尘土相互摩擦的沙沙声。

此时，乾清宫里却温暖如春，炭火盆烧得正旺，龙涎香的气味从香炉飘出，高高的蜡烛像发红的木炭，照得满堂金色更加闪亮。那位在案头日理万机批阅奏折的人，不必说，自然就是康熙皇帝——清圣祖爱新觉罗·玄烨。

这些年来，康熙皇帝已度过多少戎马倥偬的岁月，平定吴三桂的三藩叛乱，攻灭台湾郑氏反清复明的政权，抵御盘踞在黑龙江流域雅克萨的沙俄侵略军，扑灭蒙古准噶尔部的不驯之火……而近年来，相距遥远的西藏地区又引起了他的注目，只是鞭长莫及，也不愿伤及百姓，无论发生什么，他始终没有派一兵一卒触动那片高原。

看过拉藏汗的奏折，康熙考虑了很久。他对桑结嘉措一直没有好感，现在拉藏汗除掉了桑结嘉措，按说他应当感到高兴。可拉藏汗真的是出于为中央政府除害吗？恐怕未必。对于受封于朝廷的桑结嘉措，拉藏汗说杀就杀，先斩后奏，实在有些擅作主张了。但康熙没有急于斥责拉藏汗，权衡再三，为了稳定大局，康熙准备给他一番赏赐，为他保留面子。

至于一再被拉藏汗指控的仓央嘉措，康熙也听说过他的才华与性情，倘若在内地，他会是一个真正的风流才子。康熙清楚，这样一个心思单纯、至情至性的年轻人，对自己的统治没有半点儿威胁，甚至有些羡慕他的潇洒不羁，哪有人敢于抛弃万民景仰的尊荣去换得一朝诗酒风月呢？不过，再多的羡慕与同情都是出于一己之心。

他是大清王朝的皇帝，仓央嘉措不想管的事，他要管，纵使周遭樊篱，也要将家国大计考虑在前。这时，在康熙脑海中，仓央嘉措就从一个浪漫率性的年轻人，变成一颗干枯的棋子。仓央嘉措虽然被指认为假活佛，但仍然有达赖喇嘛之名。如果拉藏汗执意将他逐出西藏的神坛，他很可能被准噶尔部的策妄阿拉布坦迎去，那么整个蒙古与西藏都将归向策妄阿拉布坦了。康熙不担心拉藏汗煽动叛乱，却时刻提防策妄阿拉布坦兴风作浪。

1706年初春，清朝护军参领席柱与学士舒兰从北京出发，带着康熙皇帝对拉藏汗的封赏，赶往茫茫的雪域高原。他们的到来将弥补拉藏汗在审判会议上的尴尬。康熙册封其为"翊法恭顺汗"，并赐金印一颗，默认了他作为皇帝的辅佐之臣治理西藏。

康熙料事如神。策妄阿拉布坦风闻仓央嘉措将被废黜的消息，果然前来迎请。准噶尔部的来人紧随清朝使者之后抵达拉萨，称奉策妄阿拉布坦之命请仓央嘉措到伊犁为众生讲经。拉藏汗这才恍然大悟，原本顾虑废黜仓央嘉措会引起西藏动乱，现在他必须想办法把仓央嘉措送出蒙藏地区，这恰好与清朝使者不谋而合。拉藏汗一口回绝了准噶尔部的请求。

　　自从审判会议结束后，仓央嘉措就一直被监禁在布达拉宫里，八廓街和龙王潭他再也没有去过。对尘世生活的热情降到冰点，好在还有拉旺依然身前身后地侍奉他。枯坐，出神，星夜里一遍遍悉数历年过往，种种情愫梦幻般缥缈，教人怀疑它们是否真的存在过。

　　如果人生的长度在于经历，那么他既拥有过法王的荣光，也拥有过凡尘的眷恋。如果人生的深度在于心性，那么他既未失却单纯的赤子情怀，又怀有冲破羁绊、追求自由的意志。悲哀也罢，释然也罢，在境遇的限制下，他已尽最大可能实现了自己理想的人生。剩下的便是等待，无论何去何从，对于一个真正活过的人都不足为惧了。

　　转眼即是夏天，这是人们在绿茵上欢歌曼舞、郊游野宴的好时节。据说莲花生大师曾于猴年五月降伏了西藏地区的一切妖魔，五月便成为西藏人欢庆纪念的日子，林卡节便是最典型的节日。

　　藏历五月一日是西藏林卡节的开始。林卡节，藏语称"孜木林吉桑"，意为世界欢乐日，是拉萨、日喀则、昌都等地区的郊游日。相传，古时候一个春暖花开的日子，日喀则城里的男人们一早骑驴到郊外一个修行洞朝见"莲花佛尊"。妇孺们便带上食品，汇集到近郊等候拜佛得福的亲人归来。随后，一个个和睦的家庭便聚集在林卡（即园林）中接风共餐。这便是林卡节的由来。后来这一活动就演变成有固定时间，在林卡草地上进行的民间节日，一般从五月一日开始，五月十五日结束。

　　但时逢多事之秋，这年的五月注定不能给西藏信众带来太多欢愉。拉藏汗着手处置"假达赖喇嘛"了。

　　五月一日，拉藏汗带领一队人马气势汹汹闯进布达拉宫，直奔日光殿。

　　枯坐中的仓央嘉措听到拉旺慌忙跑进德丹吉殿的声音："佛爷，汗王来了……在日光殿等您。"

　　迈出殿门，仓央嘉措看到四处都有蒙古士兵把守，好像生怕他逃走，又像

第五章　生死劫

在刻意炫耀拉藏汗的气势。早有所料的一天就这样到了，没有想象中的仓皇，亦没有过多的凄凉。

仓央嘉措平静地注视着不可一世的拉藏汗，平静地听他训斥自己——又是老一套说辞，甚至当听到他宣布"废黜假达赖喇嘛"时，仓央嘉措也没有感到讶异。

拉旺呜咽着，紧随仓央嘉措走下一级级石阶。遥想当年被迎进布达拉宫时，仓央嘉措还是个受宠若惊的孩子，一座座殿宇、一道道石墙见证了他近十年的成长与蜕变。万人膜拜的盛典他不怀念，上师讲授的经卷他不怀念，肃穆的灵塔、庄严的佛堂都与他的记忆无关，真正留在他脑海的是静夜中可以遥望到八廓街的那扇窗子，是那道隐蔽的侧门，是龙王潭明朗和煦的时光，以及伫立佛前追问自己该何去何从的幽暗岁月。

漫长的石阶终于走完，布达拉宫的大门敞开了，仓央嘉措将与此地永远挥别。拉旺已经泣不成声，仓央嘉措始终捻着佛珠，就像准备一次常规的出行，只是更加沉静。

拉藏汗并没有直接将仓央嘉措送去京城。位于布达拉宫北面约二里处有一座林苑，名为拉鲁噶次。在藏语中，拉鲁噶次意为"龙与神的少男少女们游乐嬉戏的林苑"。

古老的歌谣岁岁年年在拉鲁噶次湖畔传唱："拉萨呀拉萨美，拉鲁比它还要美，拉萨与拉鲁之间，宗角禄康更美。"宗角禄康便是龙王潭，这个仓央嘉措曾经最喜欢的园林。五月的拉鲁噶次并不比龙王潭逊色，参天的古木，如茵的草地，清澈的湖水，阳光洒在任何一个角落都可以再增一分景色。而如此良辰美景中，偏偏走来一个没落的身影，是否只是为了映衬他余生的荒凉呢？

拉藏汗拨了一些财物，派出几名随从，让仓央嘉措在拉鲁噶次林苑暂居，当然缺少不了重兵看守，唯恐仓央嘉措被准噶尔部迎去。他顾不得人们的反对，强悍的部队是对付那些抗议的最佳工具。

拉鲁噶次的怙主殿里，仓央嘉措敲着达玛鼓唱道：

核桃，可以砸开吃，
　　桃子，可以嚼着吃，
　　今年结的青苹果，
　　却酸倒了牙齿。①

　　野鸭子恋上了沼地，
　　一心要稍事休息。
　　谁料想湖面封冻，
　　这心愿只得放弃。②

歌声透着冷静的无奈，诗歌里的欢笑与热情一去不复返。而六世达赖喇嘛被带出布达拉宫的消息已经在民间引起了震动。众多僧侣与信众纷纷来到拉鲁噶次林苑，想看望仓央嘉措。人们从四面八方赶来，聚集在林苑周围，朝着怙主殿跪拜、呼唤，不断被蒙古士兵驱赶吓退，又不由自主地再次向前靠拢。

听着外面的呼声，仓央嘉措却不能走出去与信众相见。门外立着持刀的士兵，自从离开布达拉宫，他的一举一动都在他们的注视中进行。从前，不做活佛做凡人是他梦寐以求的愿望，而今愿望实现了一半，另一半却永远没有实现的可能。原来，并没有一条绝对的坦途可以贯通一生。终于离开了达赖喇嘛光环的樊篱时，他又因沦为囚徒而失去了更多的自由。

林卡节的节期不知不觉过去了，对于无心欢庆的信众，这一年的五月充满了乌云与阴雨。在拉鲁噶次的第十七天，清朝护军参领席柱走进怙主殿，通知已遭废黜的仓央嘉措，皇帝要他进京。

于是，仓央嘉措踏上了最后的旅途。十几天来第一次走出拉鲁噶次林苑的

---

①庄晶整理翻译：《六世达赖喇嘛仓央嘉措情诗（藏汉文本）》，北京：中国藏学出版社，2010年版，第42页。

②同上，第3页。根据藏学专家校正，"沼地"应为"湖泥"。

第五章 生死劫

大门，仓央嘉措被眼前的景象震撼了——那不是戒备森严的蒙古骑兵队，而是比骑兵队列更长、人数更多的僧侣与信众，虽被士兵挡在外围，气势却不可阻挡，人潮中郁结的悲愤足以撼动整个拉萨。

那一张张或年轻或苍老的脸庞，流淌着同样悲伤的泪水。这该是目睹过仓央嘉措坐床大典并对他顶礼膜拜的人们吧。如果说诸位高僧在会审上的一致辩护，让仓央嘉措感到了宗教的归属，那么现在眼前无数虔诚的信众就像一股无穷的力量，超越所有凡俗、武力、权威，甚至超越宗教本身。

仓央嘉措双手合十，高高举过头顶，他闭紧眼睛想抑制情绪，滚烫的热泪早已跌落在袈裟上，也打湿了胸前的佛珠。

为表示对宗教的敬意，更是为了避免让人们受刺激而发生不测，拉藏汗在仓央嘉措从拉萨启程时，没有对他使用绳索或镣铐。仓央嘉措骑上一匹枣红色的骏马，依然是一身特制的袈裟——他曾经厌恶的装束如今令他百感交集。

天空万里无云，大地蔓延着苍凉。仓央嘉措踏上了在拉萨最后的路途，前面是参军统领席柱与学士舒兰，身后是提刀持枪的蒙古士兵，士兵身后是跟随押送队列不断涌动的人潮。

远处的庙宇与桑烟，近处的经幡与青草，仓央嘉措所见之景无不深含依依惜别之情。这天，拉萨街上的店铺都闭门停业。再见了，八廓街。再见了，那座曾经洒满欢笑与泪水的酒肆。再见了，青春的诗篇与佳人。

九年前，在这同一条道路上，那个身披法衣，乘着轿子，沿满路白石灰图案去往布达拉宫的少年，果真是自己吗？现在，他在离开拉萨的路上，仿佛正与十五岁的少年擦肩而过，想叮嘱他什么，却见他因被万人簇拥而略显慌乱，随后便走远了，留下几缕桑烟袅袅升腾。

忽而，仓央嘉措被身后的骚动声惊醒。一阵撕心裂肺的哭声突然向四周扩散开来，在人们心底沉埋已久的悲痛终于爆发了。士兵们紧急在四周围起一道人墙，对人们厉声呵斥，举起手中的兵器不断向人群挥动示威，可似乎并不奏效，人们奋不顾身地涌向那个穿着袈裟的身影，好像要永远失去至亲至爱的人。

有人挤在人群最前面，忽然对着仓央嘉措大喊："达赖佛爷，请再为您的众生祈祷一次吧！"话音被一片哭声吞没，仓央嘉措再次湿润了双眼。只听见人们纷纷哭喊着乞求他最后的赐福。人潮澎湃起来，人们沿着士兵的守卫圈外围跑到仓央嘉措前面，刹那间，无数的哈达、玉石、珠宝像一场瑰丽的骤雨从天而降，纷纷洒落在仓央嘉措马前。

九年来，唯有在这段惊心动魄的送行路上，仓央嘉措才真正体会了自己的活佛身份，雪域法王不仅是一种权威，更凝聚着高原最有力的信仰，最深刻的情感。世世代代，人们对观世音化身的崇奉从未动摇，有增无减。如果真的有前世今生，仓央嘉措感到生生世世的尊荣于此刻汇集一身，佛陀本为众生赐福佑护，但众生无边的虔诚更像是为仓央嘉措做了一次灌顶，这比任何讲经与辩论都更加透彻，直击灵魂。唯一的遗憾，便是他无法再回到神圣的庙宇重新做一位得道高僧。

透过婆娑泪眼，仓央嘉措看到茫茫前路一直通向天边。

据说，在人们抛撒供养的时刻，有一条洁白的哈达在风中飞起，向着色拉寺上空飘去，俄而又飘转回来。有人看见它落在了布达拉宫，也有人说落在了大昭寺。崇信预兆的人心照不宣，他们觉得佛爷不久便会回到西藏，不过，是以转世的方式。

抛献的物品堆成了一座小山，良久，士兵才驱散挡住去路的信众。人们请各大寺的高僧走在送行队伍前列，当路过距哲蚌寺不远的达木坝林卡时，人群再次汹涌推进，但遭遇了蒙古士兵凶暴的阻挡。

仓央嘉措多想劝大家不要再送了，可他知道人们的执着追随不会轻易停止。他一面请求军官不要伤害百姓，一面流着眼泪默默诵经祈祷。

不远处，一片绛红色赫然现于路旁，那是哲蚌寺的僧侣们等候为仓央嘉措送别。夏日的凉风经过，每个僧人都怀揣着一腔悲愤在风中颤抖着，望着即将走来的押送队，他们什么都不能说，心中却并非沉默。

队伍缓缓行进，哲蚌寺僧众在风中诵经祈祷，泪水已经沾湿了衣襟。突然，站在最前面的铁棒喇嘛们从身侧抄起铁棒，冲向蒙古军队。一路上被压抑的信众也随之群起反抗，抓起石块、棍棒向士兵头上打去。眼前的局面惊住了仓央嘉措，他似乎明白将要发生什么，却来不及多想。混乱之际，他感觉自己被一双利落而稳妥的大手拉下骏马，在阵阵人潮涌动的掩护下，瞬间被裹挟到哲蚌寺院内。"咣"的一声，大门关闭了——

蒙古军官措手不及，立刻派人禀告拉藏汗。

护送队紧逼寺门，而僧众聚在门前死死把守。两相对峙，谁都不肯后退。

仓央嘉措被接进哲蚌寺的甘丹颇章宫。这里是二世达赖喇嘛根敦嘉措于1530年兴建的宫室，从二世达赖喇嘛到五世达赖喇嘛移住布达拉宫前，甘丹颇章宫都作为达赖喇嘛的驻锡之地。格鲁派除掉藏巴汗后建立的甘丹颇章政权正是由此命名，于是哲蚌寺也在各大寺院中有一份特殊的地位。

甘丹颇章宫幽深僻静，但这一天，仓央嘉措坐在宫中却片刻不得安宁。军民争执的声音不时穿过叠叠墙院，传到他的耳朵里。如此并非长久之计，激愤之情令僧侣们太过冲动，蒙古军队当然也不会放手离去。仓央嘉措不得不担忧，一场恶战恐怕在所难免。

拉藏汗已亲自率军赶至哲蚌寺，但没能与僧众交涉成功，于是命士兵将哲蚌寺围了个水泄不通。

一夜过去，门外无论僧众还是士兵，无人离去，甘丹颇章宫里的人一夜未眠。哲蚌寺的僧侣们决定请求护法神示谕如何对待六世达赖喇嘛的事件。护法神示知：无论何人，谁否认仓央嘉措为五世达赖喇嘛的转世，谁就会陷入魔境。神的示谕给僧众增添了莫大的鼓舞，他们坚信自己所做之事的正确性，仓央嘉措永远是西藏的法王，保护他就是保护自己的信仰。他们时刻准备与蒙古军对抗到底，即使牺牲性命也在所不惜。

而仓央嘉措面对神谕，陷入了更复杂的痛苦。他宁愿神告知僧众，仓央嘉措并非五世达赖喇嘛的转世灵童，根本不值得无数人冒险。

又一天过去，拉藏汗给哲蚌寺最后一天的期限，要求交出仓央嘉措，否则只能让寺院与僧众成为牺牲品了。而无论期限几何，僧侣们早已做好了对抗到底的准备。太阳又一次从高远的苍穹缓缓降落，接下来是漫长的黑夜，所有人都屏息凝神，等待即将来临的暴风雨。

一声鸟啼划破了拂晓的宁静，曙色从容不迫地出现在高原上空，大地宁静安详地送走暗夜的寒冷，只有根培乌孜山脚下的哲蚌寺内外气氛越发紧张。初醒的日光穿过层云，映射着僧众疲惫而坚毅的面庞，也照射在蒙古军队的猎猎旌旗上。星月散去，危急就要暴露在日光之下。

整整三天，拉藏汗给哲蚌寺的时间已到，对峙的局势没有丝毫改变，军队不得不采取强硬手段了。

拉藏汗无法继续忍耐，一声令下，军士们便持起武器，冲向寺院大门。与此同时，守卫在门前的铁棒喇嘛与诸多信众也不甘示弱，怒目而视，迎向对面寒光闪闪的利刃。一场恶战即将拉开帷幕。

突然，正准备相互厮杀的人们都停下了，他们一齐望向大门的方向。

门开了。一个颀长的身影，一袭袈裟，一串念珠，仓央嘉措缓缓走出。空气仿佛瞬间被软化了，人们放下武器，不由自主地为他让开一条通道，注视着他平静地向军队走去。

"请不要用刀光血刃沾污这方神圣之地。我回来了，上路吧。"仓央嘉措只对拉藏汗讲了短短两句。望着他的背影，僧众泪流满面。仓央嘉措走出甘丹颇章宫时说的话还在众人耳旁回响："生死于我已无损益，而寺院与众僧不可再遭牺牲。"

太阳已经翻山越岭，伫立在白云浮动的蓝天上。蒙古军队在一片沉默中重新排好行进队列。众人眼见仓央嘉措再次骑上骏马，背影被浩浩荡荡的骑兵吞没。一阵沉厚的钟声从远处传来，恍如隔世，诵经声混合着啜泣声、哭喊声，在大地上蔓延。

押送军队终于走远，路上唯有暗青色的山峰肃然矗立，为远去的人送行。

曾在西藏惹出空前争议的六世达赖喇嘛终于离开了这片土地。仓央嘉措这个名字却成为高原无法抹去的记忆。风流浪荡也好，游戏三昧也罢，正如有人希望将他永远放逐，也有人会始终在他的故事里守候他的归来。

青海湖畔音尘绝

离开哲蚌寺后，押送队伍经过羊八井便一路向北转去。茫茫的草原连接着天边的旷远，湮没仓央嘉措望不见的前路与理不清的哀愁。

按照拉藏汗的吩咐，在离开拉萨之后，蒙古军官便给仓央嘉措带上了镣铐。虽然汗王否定了被押送的这位达赖喇嘛，但毕竟在雪域法王的宝座上坐了近十年，信仰格鲁派的蒙古人对仓央嘉措依然毕恭毕敬，镣铐只是不得不委屈他的一个道具而已。

选择从夏季启程，不知是巧合还是拉藏汗对仓央嘉措的最后一丝关照。若是在隆冬腊月，当寒风掠过旷野，便见低矮的枯草在冰霜裹挟中瑟瑟抖动，头顶的阳光也是冷漠的，而乱云穿梭，更令大地忽暗忽明。那样萧索的时节，必然要加重仓央嘉措心中囚徒一样的衰颓感，走到人生的灰暗之地，再豁达的人都难免觉得凄苦，何况一个至情至性的年轻人，一阵朔风便足以将他的躯壳吹空。

而现在，温热的羊八井或多或少缓解了仓央嘉措心中的苍茫。北方是一望无垠的羌塘草原。虽为高寒地区，常年冰封，但那片热雾升腾的温泉着实能为远行过客带来慰藉。每逢清晨与傍晚，大地褪去温度，在羊八井的湖面上，便有团团薄雾，愈来愈浓，一直升到几丈高的半空，行在湖畔如临仙境。有时，仓央嘉措思绪恍惚，只觉那雾气像天梯一样直通佛界，应有曼妙的吉祥天女翩然降落。

然而，他没有等到吉祥天女。待到大雾散尽，茫茫前路又恢复了苍凉的景象。在前方等待自己的会是什么呢？康熙皇帝会如何安置，或处置自己？总之，现在的行程很可能是最后一次相对自由的行动了。等跋山涉水抵达京城后，或者被幽闭，或者被处决，生命就算接近了终点。

借着草原熏人的凉风，仓央嘉措蓦然回想起生命最初的光景——那也是一片青青的草原，但更加明媚如春。山水迢遥，山南的故乡仿佛在召唤游子，慈爱的阿爸、阿妈在向他挥手，还有一个美丽的姑娘在错那宗的山坡上欢笑，那正是久已沉埋在仓央嘉措心中的仁增旺姆——爱与青春的初颜。

> 在那西山峰峦顶上，
> 朵朵白云在飘荡。
> 定是那仁增旺姆啊，
> 为我燃起祈福的神香。[①]

回望远山，借着初降的夜幕，仓央嘉措提笔写下这首诗。十年如弹指一瞬，人成各，今非昨，可仁增旺姆的一颦一笑为何在脑海中越来越清晰？仓央嘉措料想，这些年来，那位错那宗的少女一定会在不为人知的角落为自己祈福。

来路波折，从仁增旺姆到达娃卓玛，再到于琼卓嘎，仓央嘉措的爱也穿越了少时的单纯、苦闷的挣扎与坦然的浪荡。而与仁增旺姆的那段往事因为年少而愈加纯洁无瑕。如果他不是活佛，如果他从来不必去拉萨，如果没有政权的角逐争斗，他身侧现在应该是温柔的仁增旺姆吧，在山南一隅过着世外桃源般的简单生活。谁也未曾想到十五岁之后的种种遭遇，如今回首，仿如一场噩梦。梦醒来，却发现无路可去了。

仓央嘉措心头有万端感慨，却都凝结为一首短短的小诗：

[①] 庄晶整理翻译：《六世达赖喇嘛仓央嘉措情诗（藏汉文本）》，北京：中国藏学出版社，2010年版，第31页。原译本中为"意增旺姆"，为匹配本书内容，改为"仁增旺姆"。

洁白的仙鹤，
请把双翅借我。
不会远走高飞，
到理塘转转就回。①

仓央嘉措纵使可以借助仙鹤的双翅而飞，又能穿越十年的光阴回到过去吗？

理塘，是位于康巴地区的一个高原小城。在藏语中，理塘意为"平坦如铜镜的草坝"，听名字便可想见那里碧草连天、翠色漫野的况味。有人将理塘视为仓央嘉措的一种宗教向往，也有人认为是仓央嘉措对人间情愫最后的留恋。但理塘在他的生命中究竟有什么意义，我们已经不得而知。关于诗歌的阐释，各家解说难免带着一厢情愿的说辞。如果有机会让仓央嘉措自己谈谈诗歌的创作，他将说些什么呢？也许，他已预见自己即将走到生命的尽头。

行至羌塘草原的尽处，便是终年风雪弥漫的念青唐古拉山。近看为山，远望为川。这里时而彤云翻滚，狂风大作，时而风平浪静，玉宇琼楼。押送队经过山脚时，唐古拉山冰峰林立，冰川纵横，犹如玉龙在雪山间飞舞盘桓，又像守护高原的雄兵，威严慑人。仓央嘉措双手合十，默默拜了三拜，那雪峰也好像有山神恭敬回应，在山区深处升起袅袅云雾，晶莹闪烁，有如缥缈的仙山。西藏奇幻的北部地区有时让仓央嘉措忘记了自己是个被押送的囚徒，这一路多像一段虔诚的朝圣之旅。

这里有歌谣唱道：

你初到羌塘，
寂寞寒冷会使你惆怅；
一旦投入她的怀抱，
草原便成温暖家园。

---

① 庄晶整理翻译：《六世达赖喇嘛仓央嘉措情诗（藏汉文本）》，北京：中国藏学出版社，2010年版，第19页。根据藏学专家校正，"请把双翅借我"应为"请把双翅能力借我"。

茵茵夏日，队伍走过一片片低洼的牧场，湛蓝如宝石的天空，洁白如哈达的云朵，成群的牛羊好似珍珠一样散落在草原的四处，那鹅黄、粉红的野花像星星撒落在无边的草原上，每一处都是流动的图画。仓央嘉措爱上了这里。

如果可以选择，他愿意做一个牧羊人，守着一片天空、一块草地就够了。听风，看云，没有宗教政务的牵绊，没有经书佛法的束缚，去过与自然融为一体的生活。这个梦想源自遥远的儿时，是他用尽所有的率性与执着，冒天下之大不韪，也没有实现的梦想。今天，眼见梦想的家园就在面前，触手可及，却不能久留，甚至也是最后一次路过这里了。

向北经过那曲、安多，由格尔木戈壁向东折行。环境由草原的明朗怡人变得干枯溽热，沙丘起伏，尘土激荡。沿途多有沼泽，队伍在这里遇到了一路上最难摆脱的障碍——有一种蚊虫潜伏在水草之中，无论白昼还是夜晚，遇见人便四处叮咬。它们个头不大，飞起来不留声响，却能够叮透人的衣服。这种蚊虫很少见，士兵们没有方法对付它们，只能任其围攻。初秋的蚊虫更是难缠。几乎每个人身上都带着大大小小的肿包，痛痒无比。

离开拉萨已经两个多月了。漫长的颠簸消耗了这队人马的精力和体能。虽说一路上没有再遇到策妄阿拉布坦拦劫仓央嘉措，也没有遇到其他敌人、危险，到了人困马乏之际，正需要休息几日，可大家都不愿意在格尔木久留，燥热与蚊虫像两条毒龙，紧紧缠绕着队伍，让人喘不过气来。仓央嘉措已是衣带渐宽，形影消瘦了。如此下去，不知何日才能抵达京城，环境的变化也转移了他对未来的猜测与忧虑。蒙古士兵一直悉心照料，但并没有避免仓央嘉措染病在身。

沿途的溽热一直持续到秋去冬来。路的前方出现了一片湛蓝澄澈的湖水。

这里便是风平浪静的青海湖。藏语中的青海湖，叫作错温波，即指青色的湖。这是高原上静静守候的一座圣湖，像从遥远的天际缓缓移来，又像一块蓝天坠落在皑皑的雪山之间。浩瀚壮阔，而又沉静空灵。

一千多年前，远嫁吐蕃的文成公主便打青海而过。据说，唐太宗在临行前赐予她日月宝镜，能够照出家乡的景象。途中，文成公主忍不住思乡的愁绪，取出宝镜果然看到了久违的长安故里。泪水涟涟之时，她忽而记起自己的和亲使命，毅然将宝镜扔了出去，想以此断绝思乡的愁苦。就在宝镜将要落地时，闪出一道耀眼的金光，金光化为一片茫茫碧水，便是日后的青海湖。而宝镜坠地裂为两半，恰好落在两座小山上，东边的半块朝西，映着落日的余晖，西边的半块朝东，照着初升的月光，于是青海湖东邻的日月山由此得名。

逢上一处佳境胜地，押送队伍准备在附近休整几日。

一天傍晚，席柱走进仓央嘉措的帐房，叫人为他去了枷锁。"佛爷，这一路让您受苦了。我们也是奉旨办事，有什么不周之处，请您担待。"席柱恭敬地说道。

"事已至此，您也不必多言了。"仓央嘉措把手缓缓放在膝上，盘腿而坐。

"佛爷若有什么需要，尽管提出，我们会想办法满足。您也看到了，士兵们待您如初，都愿意全力照顾好您。"

"承蒙关照。我一个等待判决的罪人，还有什么需要可言呢？只是，有幸遭逢此地良辰美景，若不介意，我想好好看一看青海的夜色。"

"难得佛爷有兴致，散散心也好，我一会儿命人给您送件厚氆氇袍来。"

"我们现在在什么地方？"

"这里叫衮嘎诺尔①，是青海湖附近的一座小湖。距青海湖很近，佛爷可以去湖畔欣赏月色。再远一点便是倒淌河，当年文成公主风尘仆仆，千里西行，踏入青海时，思乡心切，泪如泉涌。那眼泪汇聚成一条由东向西的河水，汩汩流入青海湖，这便是民间传说的倒淌河的由来。"

仓央嘉措撩开营房门帐的一角，只见衮嘎诺尔湖面在悠长的斜晖下，呈现出层次分明的色彩，如一块宝石静静安放在寥廓的高原上。再远处，一片更加旷远的湖水连接着天边的晚霞，玛尼经杆支撑的五彩经幡在风中猎猎作响。

想象千年以前那位柔弱而坚毅的大唐公主迎面走来，仓央嘉措将与她擦肩而过。他看着她泪痕满面，却毅然走向雪域深处，一去便是四十年，至死未能

---

①衮嘎诺尔：在今青海省共和县境内。

返归故里。此刻，仓央嘉措断定自己再也不会回到西藏了，无论山南还是拉萨，眼前这宛若神话般的情境正像佛祖在远方的召唤。

可文成公主此行得到了高原人一致的欢迎与崇敬，四十年中与藏族百姓相处和睦，备受尊荣，最终安眠在琼结的藏王墓群之中。而仓央嘉措是被当作罪人带离西藏，自己将有何遭遇，归于何处呢？刚刚他还为能有同病相怜者而感到一丝慰藉，转念间又成了孤独凄苦的断肠人。

席柱离开后不久，便有人送来了一件厚实的红色氆氇外罩。仓央嘉措内穿黄色氆氇衫，披上罩袍，走出帐房。他走了几步，四周并没有蒙古士兵跟上来，大概是席柱嘱咐过了。

夜幕初降，深蓝色的苍穹还残余着落日最后的一抹光亮。凉风袭来，吹醒了仓央嘉措因失意而沉寂的心。仰头一望，当空竟是一轮圆月。清冷的月色洒落大地，仓央嘉措竟没有感到一丝冰冷，踏着月光径直走向青海湖畔。

高原十一月的夜晚，处处蔓延着寒意。风隐没了，神山无言，圣湖不语，碧波万顷没有一丝波澜。几点星光在头顶闪烁，暧昧不明。好一个夜晚，好一幅永恒的图卷。一个身材颀长的红衣僧人手握一串佛珠，绕着静谧的青海湖徐徐前行，越来越远，终于模糊在历史的视线中……

就在这月光水岸处，在这清冷的冬夜，仓央嘉措的行踪成为一个永久的谜团。只有史书上的寥寥数语勉强勾勒着一个若隐若现的轮廓。

《隆多喇嘛著作集》载："蒙古历十月十日死于蒙古之普喜湖[①]，时年二十五岁。"

《青海史》载："死于青海上部的衮嘎诺尔湖。"

《噶伦传》载："六世达赖喇嘛在打算前往汉地的途中，逝世于衮嘎诺尔。"

《西藏喇嘛事例》载："于四十六年行至青海工噶落地方圆寂。"

[①]普喜湖：此湖位置尚无考证。

第五章 生死劫

《第七世达赖喇嘛格桑嘉措传》载："路上仓央嘉措曾受到汉藏蒙数万信徒顶礼……后到衮噶诺尔……去世，其属下人等念其功德及恩惠，含泪为之祈祷。仓央嘉措尸体被迎往西宁，数日内信徒献供祈祷。"

《清史稿·列传·藩部（八）西藏》载："（康熙）四十四年桑结以拉藏汗终为己害，谋毒之，未遂，欲以其逐之。拉藏汗集众讨诛桑结。诏封为翊法恭顺拉藏汗。因奏废桑结所立达赖，诏送京师。行至青海道死，依其俗，行事悖乱者抛弃尸骸。卒年二十五。时康熙四十六年。"

《清圣祖实录·卷二二七》载："康熙四十五年十二月庚戌，理藩院题：'驻扎西宁喇嘛商南多尔济报称：拉藏送来假达赖喇嘛，行至西宁口外病故。假达赖喇嘛行事悖乱，今既在途病故，应行文将其尸骸抛弃。'从之。"

……

当时的汉藏史籍中，无一例外都记载着仓央嘉措在青海湖畔圆寂。可是最多不过数十字，草草带过。或许是认为仓央嘉措生前行为悖乱，正史不宜多说，就连负责押送的护军参领席柱与学士舒兰也没有对此行留下任何记录。

正史的贫乏给民间提供了传说与想象的空间。民间关于仓央嘉措行踪的传说更是扑朔迷离。有人说仓央嘉措不堪路途艰辛，染上水肿病，不治而死；也有人说拉藏汗派人追上押送队，出其不意谋害了仓央嘉措。更多的传闻，关于逃遁、厌世自杀等，众说纷纭。

诚然，虔诚的信徒并不希望六世达赖喇嘛就此消失在青海湖，两百年后，在《十三世达赖喇嘛传》中，仓央嘉措的行迹再次出现。"十三世达赖到山西五台山朝佛时，曾亲去参观六世达赖仓央嘉措闭关静坐的寺庙。"这似乎意味着，仓央嘉措最终抵达了内地，只不过被清朝皇帝软禁在五台山静修而已。可遗憾的是，除此之外，再没有任何资料可以证明这种观点。

于是，后人对于仓央嘉措的追念便汇集于青海湖茫茫的余波之中。

没有人能说清，仓央嘉措此生究竟是误入佛门，还是误落尘网。再没有哪一位达赖喇嘛有如他一样波折多舛的际遇。遭逢乱世，身处要位，一个心性简单浪漫的人如何能避免卷入历史的风口？

在政治斗争中心，仓央嘉措是脆弱无力的棋子，而在禁锢羁绊面前，他却成为执着大胆的叛逆者。当人生注定被一条荒唐的旅程贯穿，他明白自己还拥有一颗追逐自由的心灵。一路荆棘，便一路披斩，留下一路真挚的诗情与芬芳的传奇。

西藏人认为每个人都有不同的灵魂，在到达佛境之前，人们一直保留这个灵魂。但何为彻悟，何为本质，这是经书与上师无法传授也无法解释的，只能由每个人去亲自实践。对于西藏人来说，宗教不是对真理的陈述，而是通往真理的道路，这个真理要靠自己去寻找。

仓央嘉措不惜背离佛法而追寻的正是心性的自由，是人性最自然的本质状态。他绕过清规戒律下的彻悟，直接抵达了真理。只不过，以世俗常理观之，是难以理喻的。也正因此，他付出的代价更加沉重，更令人慨叹。

一世的悲欣看似漫长而跌宕，其实不过恍然一瞬。

在皎皎的月华中，泠泠的天宇下，茫茫碧波未尝不是一方宁静的归宿。一个流离颠沛的灵魂终于得以长久栖息。而神山无言，圣湖不语，万顷碧波依旧没有一丝波澜。

第六章
身 后 事

拉萨河黄昏最美的守望
也成为我们时代
最美的忧伤

——舒洁《仓央嘉措》

来世落定尘埃

拉萨城里飘满大雪。善良虔诚的人们还在为仓央嘉措祈福，祈愿他在内地能像五世达赖喇嘛一样得到清朝皇帝的厚待，并期待着他某天载着无上尊荣重归拉萨。

可是那遥远的青海湖，竟传来让他们难以置信的噩耗。

拉藏汗独断专权，不许民间纪念仓央嘉措，百姓只能偷偷为六世达赖喇嘛转经诵佛，期待他尽快转世佑护众生。各大寺院对拉藏汗敢怒不敢言，在沉默中暗藏愤恨。

对于仓央嘉措的死，恐怕只有拉藏汗才感到舒心快然。桑结嘉措的残余势力终于消失了，他便可以在西藏随心所欲，把宗教这股重要的统治力量牢牢抓在手里。既然已经向康熙皇帝奏报仓央嘉措为假达赖喇嘛，那就要重新立一位达赖喇嘛，以便自圆其说。

达赖喇嘛的废立是西藏宗教界的大事。废黜仓央嘉措的过程一波三折，让拉藏汗认识到宗教界团结的强大力量，可眼下除了拉拢各位高僧，也没有更好的方式。在这方面，五世班禅始终是个不错的合作者，至少不会横加阻拦。

1707年伊始，拉藏汗带着厚礼亲自前往日喀则，拜望扎什伦布寺的五世班禅。带着满面虔诚，拉藏汗恳切地表示自己愿意协助格鲁派，且已经给拉萨三大寺送上许多庄园，现在他决定把达纳仁钦则的全部牧区、立普的全部农牧区以及业日帕庄园的全部农区，赠送给扎什伦布寺。班禅面露惊喜之色，欣然接受了赠送。不久，拉藏汗便向五世班禅汇报说真达赖喇嘛的灵童已经找到，请求班禅不辞辛苦，亲临拉萨为灵童剃发受戒。五世班禅没有回绝。

当特殊时期的荣耀降临到哲蚌寺一个普通僧人身上时，很难说是祸是福。据说新立的活佛生相祥瑞，可有人传说他是乞丐的儿子。后来，人们更加怀疑他是拉藏汗的私生子，就像五世达赖喇嘛与桑结嘉措的微妙关系一般。如果这是事实，那恰恰证明了拉藏汗欲以"佛父"身份统领整个蒙藏地区的野心。

这年三月初八，在大昭寺释迦牟尼佛像前，五世班禅为新达赖喇嘛受了沙弥戒，并为其取法名"伊西嘉措"。受戒仪式与坐床大典依旧隆重，十年一梦，不知班禅是否想到曾经拜在自己身前的清秀少年。

拉藏汗成功推立了自己的达赖喇嘛。为了酬谢五世班禅的支持，拉藏汗在他离开拉萨时，又向扎什伦布寺赠送了后藏地区的许多庄园。

伊西嘉措披上了袈裟，但并不意味着他能够代替仓央嘉措在信徒们心中的位置。这当然不是他的本意。他的不幸在于又成了第二个傀儡。拉藏汗为所欲为，擅自决定达赖喇嘛的废立遭到了宗教界上层僧侣们的一致反对。民间更不必说，仓央嘉措是他们心中唯一的六世达赖喇嘛，还有谁会像他一样写出人人传唱的情歌，还有哪位活佛比他更深入尘世，更平易近人呢？可怜的伊西嘉措既没有达赖喇嘛的权力，也没有达赖喇嘛应受到的敬重。人们拒绝称呼他"佛爷"，只说"古学伊西嘉措"，意思相当于伊西嘉措先生。他像个塑像，被搬进布达拉宫。关于他在位期间的事迹，史书上几乎找不到任何记载。

事实上，不仅西藏地区的僧俗反对拉藏汗拥立新达赖喇嘛，青海的蒙古民众也对此颇有意见。这关系到和硕特部内部的纷争。固始汗的子孙在青海分为两派，互不相让，都希望维持自己的势力范围，而他们共同的对手便是已经攫取西藏政权、在蒙古各部中占有优势地位的同胞拉藏汗。他们将拉藏汗擅自拥立达赖喇嘛的情况报告给清朝政府。

康熙皇帝特派内阁学士拉都浑率青海众台吉[①]的代表前往西藏查验。拉藏汗借班禅之口，回复钦差一行人："五世班禅说，他认为伊西嘉措是真正的达赖喇嘛，才为他受戒取名，否则不敢擅自专权。"拉藏汗一再强调伊西嘉措熟谙

[①] 台吉：清朝对蒙古王公贵族的封爵名。

佛教经典，道行高深，比仓央嘉措更加符合达赖喇嘛的身份。

有五世班禅的担保，清朝政府无法对拉藏汗追责。康熙皇帝敏锐地察觉到青海众台吉与拉藏汗不和，西藏事务不便让拉藏汗独自代理，以免势力不均引发动荡。经过一番商议，侍郎赫寿于1709年奉皇帝之命前往西藏协助拉藏汗管理西藏，这是清朝直接派人管理西藏的开端。

第二年，康熙册封了伊西嘉措为"六世达赖喇嘛"。对西藏各界不拥护伊西嘉措的情况，康熙当然心知肚明，为了安定人心，他便抬高西藏佛教另一世系的地位——册封五世班禅。1713年，康熙皇帝册封五世班禅为"班禅额尔德尼"，并颁有金册、金印。"额尔德尼"是满语音译，意为"珍宝"。此后，历世班禅的"额尔德尼"名号便确定下来，班禅的宗教领袖地位得到清朝的认可。同时，和达赖喇嘛坐床一样，历世班禅也须经中央政府册封。

无论拉藏汗与中央政府态度如何，宗教界仍有自己的坚持和行动。仓央嘉措是真正的六世达赖喇嘛的事实，在他们心中不容置疑。既然仓央嘉措已经圆寂，他们要做的便是寻访他的转世灵童，使格鲁派的活佛世系得以延续。

仓央嘉措在进京路上留下的最后一首诗歌成了寻访灵童的重要线索："洁白的仙鹤，请把双翅借我。不会远走高飞，到理塘转转就回。"高僧们由此判断，仓央嘉措以此诗暗示自己将在理塘转世。他们不辞辛劳赶赴理塘，找到一个出生于1708年的孩子，名叫格桑嘉措，高僧们发现他左臂有海螺之形，右臂有莲花之样，左掌中有法轮之形，肩头之下，多有祥征之虎皮文。

三大寺的独立寻访结果得到了青海蒙古众台吉的支持，他们请求中央政府予以承认。康熙皇帝又命人前去巡查，特地请教五世班禅对此事的看法，而五世班禅迫于拉藏汗的势力，不敢承认理塘的灵童是真灵童。

这时，拉藏汗感到理塘的灵童对自己构成威胁，先后两次派人到理塘察看。为了保护灵童不遭到拉藏汗的暗算，1714年年初，青海蒙古众台吉将他暂时转移到康北地区的德格。1716年，格鲁派上层僧侣决议认定格桑嘉措为仓央嘉措的转世，并开始正式培养。青海和硕特部贵族众位台吉将格桑嘉措迎到青海最大的寺院塔尔寺出家。

现在，荒唐而罕见的局面出现了——西藏和青海各有一位达赖喇嘛，一个被认为是六世，一个被认为是七世。时局开始暗中酝酿风暴，忽然，另一股旋风突然而至——准噶尔的策妄阿拉布坦干预了和硕特部的这场争端。

当年迎请仓央嘉措，仅仅是策妄阿拉布坦插手西藏的一次试探，遭遇挫折也在意料之中。接下来，他一边观望着西藏混乱的局势，一边开始筹划又一场大规模入侵。老谋深算的策妄阿拉布坦先制造假象迷惑拉藏汗，以他们之间的联姻关系为掩护，同时联络西藏反对拉藏汗的力量。

而拉藏汗自以为在西藏的统治已经大权在握，将政教事务交由新任命的第巴管理。他的姐姐是策妄阿拉布坦的第三夫人，策妄想亲上加亲，提出将女儿博托洛克嫁给拉藏汗的长子丹衷。经过一番商议和卜问，父子俩应允了这桩婚事。不过，策妄阿拉布坦以路途遥远为由，说女儿不能到西藏，只能由丹衷前往伊犁成婚。1714年，丹衷与博托洛克在伊犁完婚，此后便一直留在准噶尔部。这相当于扣留了一个人质，可拉藏汗却对准噶尔部放松了警惕，自恃与策妄阿拉布坦结了儿女亲家，便不须多疑。

狡猾的策妄阿拉布坦又以虔诚信徒的形象出现在西藏宗教上层。他派人找到三大寺的僧人，表明自己同情格鲁派的境遇，如果准噶尔部有朝一日推翻了拉藏汗不得人心的统治，必然为格鲁派废黜假达赖喇嘛伊西嘉措，并迎请蒙藏各族公认的格桑嘉措到布达拉宫坐床。这些煽动的言辞正投合了三大寺对拉藏汗的抗议。寺院答应在准噶尔军队入藏时，派出年轻力壮的僧人加入军队作为增援，并主动为他们做向导。

1716年年底，当拉藏汗还在山南的沃卡温泉沐浴疗养时，策妄阿拉布坦已率六千人马从南疆的和田出发，准备翻越荒无人烟的昆仑山脉，经过阿里地区，直插北部的那曲。阿里地区送来的警报并没有引起拉藏汗的注意。待他醒悟到准噶尔军队的确是来者不善时，第一次交锋已经战败了。

1717年夏天，拉藏汗在情急之下搬出五世班禅，幻想通过谈判平息战火。但准噶尔军来意明确，一心要铲除拉藏汗，拉藏汗坐失战机，军中也逐渐人心溃散，斗志疲软。而准噶尔军一路打着为桑结嘉措复仇与援助格鲁派的旗号，受到了不少民众的欢迎，甚至拉藏汗手下的一些官员也投降了准噶尔军。拉藏汗既不能打败准噶尔军，又不能同他们讲和。在达木连连战败，勉强维系了两个多月后，终于七零八落地退回拉萨。

当时的拉萨深沟坚壁，似乎固若金汤。拉藏汗自以为龟缩于此便可相安无事，只等搬来清朝救兵将策妄阿拉布坦赶出西藏。准噶尔军占领当雄后，逗留了十余日，西藏官员颇罗鼐劝拉藏汗撤离拉萨，绕道前往青海，与清军会合后反攻拉萨。但拉藏汗自诩为固始汗的子孙，绝不临阵脱逃，甚至做好了与拉萨城同归于尽的准备。而当准噶尔军队散布着已迎请七世达赖喇嘛的谣言入城时，几乎没有受到僧俗各方的阻碍便占领了拉萨。

拉藏汗只好躲进布达拉宫，可红山下已经在举行准噶尔军胜利的入城仪式，而山上的饮食供给已经告急。五世班禅曾恳请准噶尔部将军放过拉藏汗，依旧无果而终。一天，拉藏汗仅带一名侍从由布达拉宫东面围墙突围，下山后被发现，他连人带马摔入深沟，终因寡不敌众，被准噶尔士兵当场杀死。当年势不可当战胜桑结嘉措的汗王，就这样绝命于乱兵之下。

蒙古和硕特部自固始汗1642年夺得西藏地方政权，已有七十五年之久，这样的局面在1717年的冬天永远结束了。

拉藏汗死后，他所立的达赖喇嘛伊西嘉措被废掉了。因有五世班禅的求情，准噶尔军没有杀他，只是让他回归到曾经的普通僧人的生活，被安置在布达拉宫对面药王山的甲波里寺中。总有无辜者被卷入历史的旋涡，他们是时代必然的牺牲品。那种命运，可以反抗，却无法逃脱。反抗了便如仓央嘉措般悲情却传奇，而更多人像伊西嘉措这样，直到被巨浪吞没也毫无声响，最终化为泡影浮沫。

以友善与扶助的名义占领拉萨后，准噶尔军队立刻原形毕露。在全城搜查中，他们抢夺各大寺院的贵重财物运往伊犁；向百姓逼取钱财，甚至也不放过那些帮助他们入城的人家，很多人被打得遍体鳞伤。将拉萨城洗劫三日后，他们又前往山南、日喀则等地，在其他教派的寺院中烧杀抢掠，杀死活佛，流放堪布，还毁灭性地滥砍古树，留下一道道难以愈合的疮疤。

淳朴的西藏百姓方才认识到准噶尔军的强盗面目，可是无力反抗。这场灾

第六章　身后事

难一直持续了三年。

准噶尔入侵西藏的速度是清朝始料未及也一无所知的。拉藏汗只在达木之战开始前，向康熙皇帝请求过支援。直到1718年秋，在准噶尔军队押送拉藏汗亲属去往伊犁的途中，拉藏汗一个儿媳成功逃脱，在青海柴达木向当地清朝官员报告了拉萨的一系列变故。

准噶尔军入侵西藏不仅威胁到西南半壁江山的安定，还会动摇清朝对蒙古诸部的统治政策。1718—1720年，康熙先后两次派兵入藏。首次用兵西藏由于行军仓促，准备不足，陷入准噶尔军的埋伏而全军覆没。1720年，清朝下定决心进行了第二次进军，汲取经验，备足粮草，兵分三路，一路上雷厉风行，对阻挠进军的人坚决打击。同时，原拉藏汗手下的官员康济鼐、颇罗鼐也纷纷带动西藏人民起义，配合清军从阿里、日喀则一线夹击准噶尔军。另一位官员阿尔布巴在拉萨以东的工布地区组织起义。清军势如破竹，与西藏当地起义军联手将准噶尔军连连击败，直到其残部由西藏北方草原逃回新疆。

准噶尔军在西藏盘踞三年而造成的灾难终于解除。随之而来的另一喜讯也令西藏人民安定欢欣。北路清军入藏时，特地到青海的塔尔寺迎请格桑嘉措，向他颁发金印，以示康熙皇帝对他的认定，金印上书"弘法觉众第六世达赖喇嘛之印"（当时官方否认仓央嘉措为六世达赖喇嘛）。1720年4月，格桑嘉措在清军的护送下前往拉萨，沿途受到了蒙藏人民虔诚的朝拜与献礼。这年十一月初五，在布达拉宫的日光殿上，五世班禅为"六世达赖喇嘛"受戒。

西藏各界与蒙古诸部都将格桑嘉措视为七世达赖喇嘛，清朝也未多加干预，只是在表面上没有承认仓央嘉措，于是西藏历史上便存在"三个六世达赖喇嘛"之说。

为了逐步加强对西藏的统治，清朝决定废除第巴总管政事的制度，实行由几名噶伦共同执政的新政策。这一行政体制既照顾了西藏的历史传统，又符合当时需要。"噶伦"原本就是西藏除第巴之外的具体管事职称，所以对西藏僧俗来说并不陌生；而且四人共同负责代替了过去的独断专权，更利于地方稳定。

1724年，一块螭首龟趺的黑麻石巨碑在布达拉宫大门前竖立，上面以满、汉、蒙、藏四体文字镌刻了康熙御制碑文，详细记述了清军入藏平定准噶尔叛乱的过程，"以纪盛烈，昭垂万世"。

格桑嘉措便顶着"六世达赖喇嘛"的头衔度过了他的活佛生涯，直到他去世为止，清朝政府也没有确定他究竟为几世达赖喇嘛。1780年，历史终于等来了尘埃落定的时机。在一篇碑文中，乾隆皇帝不动声色地称格桑嘉措的转世灵童强白嘉措为第八转世，转年正式册封强白嘉措为八世达赖喇嘛，这才最终确定了达赖喇嘛世系的完整与连贯。

至此，对仓央嘉措为真假达赖喇嘛的公案竟然持续近一个世纪，总算得到了一个间接的官方认可。或许，那个多年前消逝在青海湖畔的魂灵早已对此不再挂心。

《秘传》里的另一种可能

自从仓央嘉措在碧波荡漾的青海湖失踪,当地便有了纪念他的风俗。每年忌日,人们都会向湖中抛撒食物,唱歌跳舞,以此来告慰圣者飘逝的灵魂。

史料虽然将仓央嘉措的圆寂几笔带过,但信众多半相信并接受了这个结果。而多年以后,仓央嘉措的另一种人生经历在民间流传开来。故事是这样讲述的:

依然是在1706年那个牵动全藏人心的季节,仓央嘉措在蒙古军队的押送下行至青海地界。远在京城的康熙皇帝此时接到了驻扎西宁的商南多尔济喇嘛的奏报,得知席柱与舒兰擅自决定将仓央嘉措执献京师的消息后,他立即下了一道谕旨。

接到圣旨时,席柱与舒兰两人都惶恐万分。他们以为自己在按皇帝的意思办事,不成想皇帝竟为之恼火,"尔等将大师请来,拟请其驻锡何处?如何供养?实是糊涂!"若他们再继续送仓央嘉措去京城,恐怕担祸的就是自己了。而皇帝提及仓央嘉措时,所用都是敬语,看来并不想治他的罪。

使者进退两难,想不出更好的计策,惶惶然来到仓央嘉措面前,为他去掉枷锁,躬身请求仓央嘉措逃遁,否则他们将性命难保。仓央嘉措一路艰辛,却见此事如此荒唐,自然不悦,说道:"你们当初与拉藏汗是如何策划的?照这样,我不达文殊皇帝的宫门,见不到圣容是绝不会返回的!"

此言一出,两位使者与蒙古将军更加走投无路。仓央嘉措忽然生出怜悯之心，又说："罢了，我也无心坑害你们，不如我一死了之。不过要看看我的缘分如何。"于是，众人皆大欢喜。仓央嘉措在营帐外的地上插了一根木杆，第二天木杆上竟然长出青枝绿叶来。路上常有人来叩拜，都认为仓央嘉措法力高深。

某天行到一处，仓央嘉措见帐门内有一蒙古老人探头张望，便命人带进帐内问："这是什么地方？你叫什么名字？"老人答道："此处叫贡嘎淖尔（衮嘎诺尔）。鄙人名叫阿尔巴朗。"把人名与地名联系起来，便得到共喜、财富与无畏的寓意，仓央嘉措心中暗念吉祥。于是在当天的风雪之夜孑然遁去，开启了另一段迥然不同的人生传奇。

仓央嘉措摆脱了达赖喇嘛身份给自己带来的荣耀、束缚与劫难，从此云游各地，成为一名弘法利生的得道高僧。他经打箭炉①至内地的峨眉山等地朝山拜佛，又到前后藏、印度、尼泊尔、甘肃、五台山、青海等地讲经说法，广结善缘。

从贡嘎淖尔遁去后，仓央嘉措在阿日②遇见了一支去安多的商队。彼时，他口渴难耐，商队中一位老者递给他一碗茶水。从未用别人的茶碗喝过水的仓央嘉措起初迟疑，觉得茶碗肮脏，喝下去才感到甘甜醇美。

仓央嘉措于是同他们结伴而行，在阿日住了两个多月后，沿安多去西康的路南下。1708年7月到了一个叫道尔格的地方。那里花木蓊郁，却罕有人迹。原来当时正逢康区（康巴地区简称）流行天花，到处都弥漫着疾病的阴影，许多村落几乎空无一人。仓央嘉措也不幸染病，全身肿胀，不能行走，疼痛剧烈，饥渴难熬。白昼酷日当头，夜里寒风砭骨，时常昏厥不醒，不知道如此过了多少时日。

不出几日，水痘溃烂化脓，更引来无数叮咬的蚊虫。这一切苦楚折磨，仓央嘉措只能忍受，毫无还手之力。太久不曾进食，他已饿得头昏眼花，不得动

---

① 打箭炉：今四川甘孜藏族自治州康定市。
② 阿日：今青海省果洛藏族自治州。

弹。正当奄奄一息时，一只乌鸦飞来丢下一片兽肉，就在仓央嘉措附近，仿佛天意。他勉强吃了一些，身体有些好转，便拄杖蹒跚前行。见到一棵树上结满了红色的果子，仓央嘉措欣然采下充饥，不料引起病毒复发，腹中绞痛，几近身亡。但也算命不该绝，他又一次闯过了生死劫难。

诸如此类的痛苦经历不胜枚举。流浪的历程毕竟不比神殿生活来得轻松舒适。多年里，仓央嘉措风餐露宿，领教过恶犬的撕咬、鬼怪的追赶、诈尸的惊扰、劫匪的抢夺，困境接连不断，却更像一种磨砺，逐渐将他年轻的叛逆人格转化为厚重的慈悲心怀。

1709年，仓央嘉措秘密回到拉萨，在色拉寺，上师格勒嘉措重逢流落凡尘、孑然孤苦的仓央嘉措，不禁悲欣交集。仓央嘉措又以香客的身份朝拜了拉萨各大寺庙，在扎索寺被主持察觉身份，为他提供了闭关修习的条件。一年后，仓央嘉措出关前往山南，又巡游了桑耶、昌珠、墨脱等地，并由噶举派高僧传授了吐纳运气之法。

据说，拉藏汗后来察觉了仓央嘉措的行踪，将他囚禁在达孜地区，但仓央嘉措不惊不惧，打坐修持，日日如常。一夜，皓月当空，满室清辉，仓央嘉措正在静心打坐，忽而门窗洞开，空中有大德菩萨显圣，将带仓央嘉措脱离困境。看守已然昏睡，正是逃遁的时机，仓央嘉措却叫醒了看守，让他们关好门窗，令人讶异叹服。

半月后，拉藏汗下令将仓央嘉措押送拉萨。队伍行至果拉山口时，忽而一阵红色风沙迎头袭来，风中有一神女引仓央嘉措翻过山口，脱离樊笼，逃往工布。仓央嘉措在工布岩室中又闭关数月，心生大安乐。

随着一路的勤苦修习，仓央嘉措的足迹也越行越远。他先后在加德满都瞻仰了自在天的男根，到访了印度灵鹫宝山释迦牟尼的讲经之地。在当地僧舍借住半载，潜修无上大法，夜以继日，锲而不舍，终于获得种种证悟，并目睹了印度百年一遇的神圣白象。

行路万里，阅世沉厚，让仓央嘉措更加悲悯众生，所以修习更为潜心笃定。而他又用自己修习的法力在民间助困济弱，为众生谋福。在巴塘村庄里，仓央嘉措化缘时曾遇到一户遭遇瘟疫的贫苦人家，母亲已经僵死于灶前，留下的两个幼子奄奄一息。仓央嘉措不顾病毒侵扰的危险，立即为两个孩子燃火熬粥。待他们苏醒后，又为其母超度，并将腐臭的尸体背送到偏远的山谷埋葬。此后，仓央嘉措便留下来照顾两个孩子，直到他们的舅父出现，仓央嘉措把孩子交付给他，留下所有食物，在夜里悄悄离去了。

如若路上有僧众认出他来，为他的遭遇感到不幸而落泪，仓央嘉措只是微笑着安抚，却并不回应从前的身份。而每当有人问起他的故乡、家世，他一概回答：自幼流浪在外，年深日久，早已忘却父母与故乡。

1716年，云游十年之后，仓央嘉措初入蒙古阿拉善。这一方淳朴安定的理想桃源，远离西藏的纷纷扰扰，仓央嘉措无须再担心身份泄露，在这里从容施展才学，建立功德，为众生谋福。来到阿拉善后，仓央嘉措多次显露圣迹法力，令众生信服，并受到阿拉善最高统治者阿宝王爷的礼遇。此后，他便扎根于此，主持修建承庆寺等寺院，举办阿拉善经会，讲经说法，深受百姓爱戴。

1746年，仓央嘉措于承庆寺坐化。倘若以上故事属实，仓央嘉措就要比正史中的寿命多出整整四十年，而这四十年才是他真正慈悲济世、造福生灵的生涯。

起初，仓央嘉措落脚于当地贵族班自尔扎布台吉家中。彼时，班自尔扎布台吉有一个年方两岁的小儿子名叫阿旺伦珠达吉，仓央嘉措对他十分慈爱。日后，这个孩子被认为是桑结嘉措的转世，成为仓央嘉措的首座弟子，师徒情深。仓央嘉措还曾筹措银两，送阿旺伦珠达吉赴拉萨学经，拜五世班禅为师，徒儿潜心向学，佛学造诣极高，成为仓央嘉措之后阿拉善地区又一高僧。

仓央嘉措圆寂后，弟子阿旺伦珠达吉遵照他的遗愿组织修建了日后著名的广宗寺。1757年建成后，又将仓央嘉措的法体移至寺内供奉，并尊仓央嘉措为该寺的第一代格根（意为"上师""师傅"），名为德顶格根。而广宗寺另一活佛世系是第巴转世，称为"喇嘛坦"，阿旺伦珠达吉便是第一代喇嘛坦。

这一年，一本名为《一切知语自在法称海妙吉祥传记——殊异圣行妙音天界琵琶音》的书稿问世。传主正是闻名整个蒙藏地区的六世达赖喇嘛仓央嘉措，此书后多被称为《仓央嘉措秘传》。作者正是阿旺伦珠达吉，如前所述，他饱含虔诚地完整记述了仓央嘉措波折而神圣的一生。

关于阿旺伦珠达吉的生平事迹，世人所知只限于一个被害的说法：他是被当地郡王关入大牢杀死的，因为他想按照西藏模式，在阿拉善建立政教合一的体制，然后由自己全权掌控，这当然触犯了郡王的利益。由于其他史籍中难以寻觅更多资料，后人对他褒贬不一。有人为他的死鸣不平，有人则说死有余辜，并认为《仓央嘉措秘传》便是他为笼络人心、攫取权力而编造的故事。

如同对阿旺伦珠达吉的争论一样，后人对《仓央嘉措秘传》的真实性争议不断。不过，二百多年来，广宗寺始终认定自己与仓央嘉措有其渊源。据说，仓央嘉措的肉身灵塔一直在寺内供奉，20世纪50年代，寺内住持还出示过仓央嘉措的遗物。遗憾的是，这些遗物在20世纪60年代遭到销毁。

一部《仓央嘉措秘传》虽未得到学界的考证认同，却在民间影响深远。毕竟，对于仓央嘉措的信众来说，早逝的结局未免有些残酷，而历经磨难、潜修得道后弘法利生的圆满才符合他们的希求。于是，尽管不再有浪漫的爱情与诗歌，尽管仓央嘉措的心性言行被描述得与此前大相径庭，很多人还是愿意相信《仓央嘉措秘传》里的另一种人生真的存在过。

红尘莲花，自成传奇

在正史中，仓央嘉措在青海湖畔绝尘早逝；在《仓央嘉措秘传》里，他于阿拉善度过晚年。然而，在民间，在后世，他的故事却一直流传，从未间断。

古老的拉萨城里，无论老幼都熟悉黄房子的掌故：自从仓央嘉措离开后，城中所有爱恋过他的女子都将房子漆成黄色。这种纪念是复杂情感的交织，既是甜蜜的骄傲，也是痛苦的思恋。

关于爱情的传闻断送了仓央嘉措的活佛尊荣，却也成就了他的民间声望。遥远的历史已经荒草丛生，没有人知道究竟有多少女子爱过仓央嘉措，更不能准确说出每个人的名字，唯有一座座黄房子静立红尘，以守候的姿态表明它们曾与仓央嘉措有所关联。

在西藏，除了少数寺院与小庙的中心会涂抹金黄色的灰浆，其他百姓无论富贵贫贱，无论门第高低，按照民族习俗都要涂以白色灰浆。然而，在拉萨的民居建筑中，随处可见一些涂了黄色灰浆的房子醒目地散落在普通民居之中。悠悠三百余年过去，有些房子已经逐渐翻盖为新房，有些房子虽然主体还在，但后来翻修时被刷回了白色。熟悉拉萨往昔历史的长辈知道，从前这一带的黄房子有几十座，房主人每年都要抹黄色灰浆，如今所剩无几。

黄房子们逐渐隐没在岁月里，可它们的故事却在西藏世代相传。年轻的活佛走入凡尘，与恋人饮酒、幽会的浪漫佳话注定要成为后人心中不朽的传奇。

比黄房子留存更久的，也是仓央嘉措饱含深情、脍炙人口的诗作。在压抑

第六章　身后事

孤独的岁月里，诗歌大概是最好的慰藉——文字虽看似苍白孱弱，却能打开精神世界的闸门——而无论被称为"情诗"或"道歌"，其诗作中的爱与痛、正义与悲悯都是人类永恒的主题。所以，仓央嘉措的诗歌才会穿越时空，跨越民族，超越僧俗界限，数百年来在人群中流传不息。

在西藏，晓畅易懂的仓央嘉措诗歌一直被当作歌词用于各种场合、各种曲调，西藏民间文学如果少了他的诗作将失去一抹绚丽的色彩。诗集有手抄本与木刻本传世，是西藏民间常见的启蒙文学读物，很多地方将它作为开蒙识字课本或学生练字的字帖内容。对此，历任西藏政权和各种教派从未提出非议或者进行管制。"凡有井水处，皆能歌柳词"，评价北宋词人柳永的这句话，在西藏也同样适用于仓央嘉措。

长时间以来，西藏地区都对仓央嘉措颇为尊崇，而直到20世纪30年代，仓央嘉措才进入内地读者的视界。1930年，藏学家于道泉先生第一次将仓央嘉措诗歌翻译成汉、英两种文字。随之，其他学者也对仓央嘉措诗歌产生兴趣，如刘家驹、刘希武、曾缄等人各具特色的译介也相继出现，仓央嘉措诗歌在不同的阐释中更加丰富多彩。不过，当时仓央嘉措诗歌主要还是在人数较少的知识阶层流传，并未进入普通大众的视野。

尽管在六七十年代，仓央嘉措诗歌一度被视为西藏封建社会的"毒草"，无法公开传播，但在西藏的青年学生中依然隐秘流传。

到世纪之交，随着西藏热的出现，仓央嘉措逐渐在内地流行起来。1997年，音乐人朱哲琴与何训田推出合作专辑《央金玛》。这是一张具有浓郁西藏风情的专辑，其中一曲《六世达赖喇嘛情歌》的歌词就是由仓央嘉措的几首诗歌穿连改编而成。大概这是仓央嘉措的名字第一次走入内地大众文化。

但随后，仓央嘉措热却由一次次张冠李戴推动而来。由于相似的佛教意象与爱情主题，专辑《央金玛》中的另一首歌曲《信徒》的歌词被归到仓央嘉措名下。歌词中说道："那一世，我转山转水转佛塔，不为修来世，只为在途中与你相见。"这样的词句点染出仓央嘉措在大众文化中的一种执着、感伤、动人的形象，受到越来越多人的喜爱。久而久之，凡是风格相似的唯美句子，只要冠以仓央嘉措之名，便会迅速走红。2010年年底，贺岁电影《非诚勿扰2》中一首署名仓央嘉措的《见与不见》就是典型的一例。

种种误读或许也从侧面反映了仓央嘉措诗歌在大众文化中长久的生命力。对流行文化中仓央嘉措诗歌的"真伪",尽管有专家学者一再更正强调,人们还是不愿将它们与仓央嘉措割裂开来。为何一定要将今人的情感寄托在一个毫不相干的古人身上?恐怕正是仓央嘉措的传奇身世提供了载体。在他身上,主要集中了这样几个元素:西藏、佛教、爱情、诗意。由这些元素构成的仓央嘉措形象,显得神秘圣洁,令人神往,恰恰符合现代人的精神需求,而仓央嘉措一生的悲剧色彩更博得了他们的同情。

不可否认,在当今的消费时代,人们的每一种心理需求都可能在不经意间成为商家炒作的卖点,近年来的"仓央嘉措热"也难以避免商业浪潮的泡沫。众多出版物、网络文学、段子文学、流行歌曲等文化形式在用大同小异的姿态演绎仓央嘉措的人生与诗情,繁荣于民间文化固然不是坏事,但也往往使一段经典简化为一个概念,让人们对仓央嘉措只流于"一代情僧""最美情郎"之类的表面印象。

其实,凡是经典并不需要热切的追捧,它自有韵味,自带芬芳,以沉稳内敛的姿态滋养后世。也许待"仓央嘉措热"渐渐冷却之后,就像在西藏那样,人们每每提及他的诗、他的人,都可以娓娓道来,不再过多悸动,也不再当作风尚或无聊戏谑。

西藏原本就是一方充满神秘与梦幻的土地,每日都有来自天涯海角的游人踏上这片高原。在诸多游人心中,仓央嘉措也成为旅行的目的之一,成为雪域文化的一个浪漫象征。人们会遇到红衣僧人静静走过大昭寺广场,会知晓布达拉宫诸佛灵塔唯独缺少六世达赖喇嘛的一座,会走进八廓街的玛吉阿米餐厅啜饮香醇的甜茶,当看到袅袅佛香与人间烟火平静相融的一刻,人们或将更加理解那个在风雪中坦然前行的传奇活佛。

附 录

1. 六世达赖喇嘛仓央嘉措年谱

1682年，五世达赖喇嘛阿旺罗桑嘉措圆寂，第巴·桑结嘉措秘不发丧。

1683年，仓央嘉措生于山南门隅。

1685年，被确认为转世灵童，家庭受到秘密保护。

1688年，入寺学习，开始接受系统教育。

1690年，跟随经师正式学习佛法。

1696年，康熙获悉五世达赖喇嘛早已圆寂，责问桑结嘉措。

1697年，桑结嘉措被迫公布五世达赖喇嘛圆寂之事。藏历九月初七，仓央嘉措从五世班禅罗桑益西于浪卡子受沙弥戒，藏历十月二十五日于布达拉宫坐床，成为第六世达赖喇嘛。

1702年，处于政治斗争的夹缝中，在日喀则扎什伦布寺要求退戒还俗。

1703年，拉藏汗继任蒙古和硕特部首领。康熙派使者赴拉萨查验仓央嘉措法体。

1705年，第巴·桑结嘉措被杀。拉藏汗会审仓央嘉措，众僧为其辩护。

1706年，被废黜。藏历五月二十七日，仓央嘉措动身启程被押解京师。途中圆寂。

以下事件据阿旺伦珠达吉著《仓央嘉措秘传》：

1707年，拉藏汗的私生子益西嘉措被立为六世达赖喇嘛。

1708年，理塘灵童格桑嘉措出世。仓央嘉措游康定，在峨眉山游十数日，康区瘟疫发作，染上天花。

1709年，经理塘、巴塘秘密回拉萨，返山南地区。

1711年，在达孜被囚，后逃脱。

1712年，游尼泊尔加德满都，瞻仰自在天男根。10月，随国王去印度朝圣。

1713年，游印度。4月，登灵鹫山。遇白象。

1714年，来到山南朗县的塔布寺，人称塔布大师。年初，格桑嘉措被转移到康北的德格，随后，据康熙帝之令送至西宁附近的塔尔寺。

1715年，再次秘密返回拉萨。格桑嘉措在理塘寺出家。阿旺伦珠达吉出世。

1716年，春，率拉萨木鹿寺十六僧人至阿拉善旗，识阿旺伦珠达吉一家。

1717年，拉藏汗被准噶尔军队所杀，伪六世达赖喇嘛被囚药王山寺内，七年后死。春，六世达赖喇嘛同十二名从侍人员前往定远营（现巴彦浩特）晋见阿拉善王阿宝老爷和道格甚公主，获准修建昭化寺。中秋，仓央嘉措随道格甚公主入京半年，驻锡什刹海阿拉善王府，游黄寺、皇宫，在雍和宫观益西嘉措所献的檀香木大佛。在德胜门见第巴子女被押送到京。

1718年，回阿拉善。

1719年，清朝平定准噶尔，正式承认格桑嘉措为"六世达赖喇嘛"。

1720年9月15日，理塘灵童格桑嘉措坐床为达赖喇嘛，拉萨十余万人膜拜。

1730年，于兰州为岳钟琪征准噶尔大军祝祷，作法七日。

1733年，夏季，破土动工修昭化寺。

1735年，自筹一万两纹银，派阿旺伦珠达吉去西藏随班禅学经。

1736年，自阿拉善迁青海湖摁尖勒，居九年。

1738年，秋，阿旺伦珠达吉精通经文所有论理，返回阿拉善。

1739年，昭化寺举行规模宏大的祝愿法会，迎请仓央嘉措就座于八狮法座，主持法事五昼夜。

1743年，（扎噶地方）塔布寺建成，历时十六年。

1745年，自青海湖摁尖勒回阿拉善，10月底，染病。

1746年，5月8日，在阿拉善旗承庆寺坐化，年六十四岁。

1747年，仓央嘉措肉身被移到昭化寺高尔拉木湖水边立塔供奉。

1751年，清朝下令由格桑嘉措掌管西藏地方政权。政教合一政权开始。

1756年，开始建造广宗寺（南寺），并将昭化寺全盘搬至现广宗寺寺址。

1757年，仓央嘉措弟子阿旺伦珠达吉写成《仓央嘉措秘传》，七世达赖喇嘛圆寂。贺兰山中广宗寺（南寺）建成，阿旺伦珠达吉被尊为上师。（寺里供六世达赖喇嘛肉身塔，至1966年尚存。）

2. 仓央嘉措诗歌集

虽然仓央嘉措诗歌在藏族地区流传有三百余年，但我们在汉语文化中对它的了解则始于民国时期。译介初期，一些关注仓央嘉措诗歌的文人学者，尝试以白话或旧诗的形式译成汉语，如于道泉的白话译本、刘希武的五言绝句译本、曾缄的七言绝句译本等。中华人民共和国成立后十七年间，受主流意识形态影响，白话民歌体成为唯一的翻译形式，作者身份也受到忽视，仓央嘉措的诗歌往往混杂在其他藏族民歌中，被笼统命名为《西藏情歌》《西藏短歌集》等。后来，对仓央嘉措的诗歌翻译逐渐回归正轨，出现庄晶等学者的新颖译本。

从最初的口头传诵到手抄本传播，其间经历的增删无可把握，造成版本不一。所以，关于仓央嘉措诗歌的篇目数量并没有定论。

1930年，藏学家于道泉先生开创了仓央嘉措诗歌汉译的先河。于氏译本具有高度严谨的学术性，综合考虑了语言学、语音学、藏语文学等方面因素，以"达意"为旨归，行文紧随原诗，却也难免腰身拘谨，欠缺文采，这点往往为后来者所诟病，也是重译仓央嘉措诗歌的缘由之一。不过，于氏译本却是最忠于源语文本的译文，成为此后汉译本的蓝本。但是，由于历史的局限，译文中难免有明显错误，附录将根据西藏社科院专家的校正做出对应标注。

此外，另一颇受欢迎的译本当属曾缄先生于1939年翻译的七言绝句体。如今广为流传的"但曾相见便相知，相见何如不见时""世间安得双全法，不负如来不负卿"等名句便出自该译本。曾氏译本词句凝练而意蕴丰沛，极具创造性。不过，为顾全旧诗体例与整体韵味，难免在对原作的忠实度方面相去较远，减弱了作者用藏文表达时的藏族思想内涵，这方面恰可与于氏译本互补。

遂附录此两种译本，以飨读者。

于道泉白话译本

于道泉（1901—1992），字伯源，山东省临淄市人。藏学家、语言学家、教育家。1920年入齐鲁大学，主攻数学、社会学和欧美史。后到国立北平大学，任梵文教授钢和泰男爵的课堂翻译，并从其学习梵文、藏文、蒙文；其间着手翻译仓央嘉措诗歌。1927年受聘于历史语言研究所，1930年出版《第六世达赖喇嘛仓央嘉措情歌》汉译本，这是世界上第一部用藏文以外的文字介绍藏族文学的专著，受到当时国际藏学界的广泛关注。后赴海外多地研修、讲学。1949年回国后，任北京大学文学院藏文教授，同时在中央人民广播电台筹建藏语组。后随专业一起并入中央民族学院语文系，从事藏学人才的培养，为我国藏学事业的发展做出了重要贡献。

译文来源：于道泉《第六世达赖喇嘛仓央嘉措情歌》，1930年国立中央研究院历史语言研究所单刊甲种之五。标"★"处为译者注。并附今藏学专家对个别误译的校正。

一

从东边的山尖上，
白亮的月儿出来了。
"未生娘"*底脸儿，
在心中已渐渐地显现。
注："未生娘"系直译藏文之 ma-skyes-a-ma 一词。系"少女"之意。
校："未生娘"应为"玛吉阿妈"。"阿妈"是藏语"妈妈"的意思，现通常所译的"阿米"没有任何意思，是以讹传讹的错误提法。

二

去年种下的幼苗，
今岁已成禾束。
青年老后的体躯，
比南方的弓*还要弯。
注：制弓所用之竹，乃来自南方不丹等地。

校：第四句中"弯"应为"僵硬"。注释中"不丹等地"应为"珞巴族地区"。

三
自己底意中人儿，
若能成终身的伴侣，
犹如从大海底中，
得到一件珍宝。

四
邂逅相遇的情人，
是肌肤皆香的女子，
犹如拾了一块白光的松石*，
却又随手抛弃了。

注："松石"乃是藏族人民最喜欢的一种宝石，好的价值数千元。在西藏有好多人相信最好的松石有避邪护身的功用。

校：第四句中"随手抛弃"应为"不小心丢失"。

五
伟人大官的女儿，
若打量伊美丽的面貌，
就如同高树的尖上，
有一个熟透的果儿。

六
自从看上了那人，
夜间睡思断了。
因日间未得到手，
想得精神累了吧！

七

花开的时节已过,

"松石蜂儿"*并未伤心。

同爱人的因缘尽时,

我也不必伤心。

注:据藏族人民说在西藏有两种蜜蜂,一种黄色的叫作黄金蜂(gser-sbrang),一种蓝色的叫作松石蜂(gyu-sbrang)。

八

草头上严霜的任务*,

是作寒风的使者。

鲜花和蜂儿拆散的,

一定就是"它"啊。

注:这一句意义不甚明了,原文中Rtsi-thog一字乃达斯氏《藏英字典》中所无。在库伦印行的一本《藏蒙字典》中有rtstog一字,译作蒙文tuemuesue(禾)。按thog与tog本可通用,故rtsi-tog或即rtsi-thog的另一拼法。但是将rtsi-thog解作"禾"字,这一行的意义还是不明。最后我将rtsi字当作rtswahi字的误写,将kha字当作khag字的误写,乃勉强译出。这样办好像有点过于大胆,不过我还没有别的办法能使这一行讲得通。

校:前两句应为"草头上严霜的,/寒风的使者。"

九

野鹅同芦苇发生了感情,

虽想少住一会儿。

湖面被冰层盖了以后,

自己的心中乃失望。

校:第一句中"芦苇"应为"湖泥"。

十

渡船*虽没有心,

马头却向后看我;

没有信义的爱人,

已不回头看我。

注：在西藏的船普通有两种：一种叫作ko-ba，是皮作的，只顺流下行时用。因为船身很轻，到了下游以后撑船的可以走上岸去，将船背在背上，走到上游再载着客或货往下游航行。另一种叫作gru-shan，是木头作的，专作摆渡用。这样的摆渡船普遍在船头上安一个木刻的马头，马头都是向后看的样子。

十一

我和市上的女子,

用三字作的同心结儿,

没用解锥去解,

在地上自己开了。

十二

从小爱人的"福幡"*,

竖在柳树底一边。

看柳树的阿哥自己,

请不要"向上"抛石头。

注：在西藏各处的屋顶和树梢上边都竖着许多印有梵、藏文咒语的布幡，叫作rlung-bskyed或dar-lcog。藏族人民以为可以借此祈福。

校：第四句中"'向上'抛石头"应为"用脚去踢"。

十三

写成的黑色字迹,

已被水和"雨"滴消灭;

未曾写出的心迹,
虽要拭去也无从。

十四
嵌的黑色的印章,
话是不会说的。
请将信义的印儿,
嵌在各人的心上。

十五A
有力的蜀葵花儿,
"你"若去作供佛的物品,
也将我年幼的松石蜂儿,
带到佛堂里去。

十五B
我底意中人儿*,
若是要去学佛,
我少年也不留在这里,
要到山洞中去了。
注:达斯本作"意中的女子"。

十六
我往有道的喇嘛面前,
求他指我一条明路。
只因不能回心转意,
又失足到爱人那里去了。

十七A

我默想喇嘛底脸儿，

心中却不能显现；

我不想爱人底脸儿，

心中却清楚地看见。

十七B

若以这样的"精诚"，

用在无上的佛法，

即在今生今世，

便可肉身成佛。

十八

洁净的水晶山上的雪水，

铃荡子*上的露水，

加上甘露药的酵"所酿成的美酒"，

智慧天女*当炉。

若用圣洁的誓约去渴，

即可不遭灾难。

注一："铃荡子"藏文为klu-bdud-rde-rje，因为还未能找到它的学名，或英文名，所以不知道是什么样的一种植物。

注二："智慧天女"原文为ye-shes-mkhah-hgro，乃ye-shes-kyi-mkhah-hgro-ma之略。ye-shes意为"智慧"。mkhah-hgro-ma直译为"空行女"。此处为迁就语气故译作"智慧天女"。按mkhah-hgro-ma一词在藏文书中都用它译梵文之dakini一字，而dakini在汉文佛经中译音作"茶吉泥"，乃是能盗食人心的夜叉鬼（参看丁氏《佛学大辞典》1892页中）。而在西藏传说中"空行女"却多半是绝世美人。在西藏故事中常有"空行女"同世人结婚的事，和汉族故事中的狐仙颇有点相似。普通藏族人民常将"空行女"与"救度母"（sgrol-ma）相混。

十九*

当时来运转的际〔机〕会，

我竖上了祈福的宝幡。

就有一位名门的才女，

请我到伊家去赴宴。

注：这一节乃是极言宝幡效验之速。

二十

我向露了白齿微笑的女子们底*

座位间普遍地看了一眼，

一人羞涩的目光流转时，

从眼角间射到我少年的脸上。

注：在这一句中藏文有lpags-pa（皮）字颇觉无从索解。

二十一

因为心中热烈的爱慕，

问伊是否愿作我底亲密的伴侣？

伊说："若非死别，

决不生离"。

二十二

若要随彼女底心意，

今生与佛法的缘分断绝了；

若要往空寂的山岭间去云游，

就把彼女底心愿违背了。

二十三*

公〔工〕布少年的心情，

好似拿在网里的蜂儿。

同我作了三日的宿伴，

又想起未来与佛法了。

注：这一节是一位女子讥讽伊底爱人工布少年的话，将拿在网里的蜂儿之各处乱撞，比工布少年因理欲之争而发生的不安的心情。［公（工）布Kong-po乃西藏地名，在拉萨东南。］

二十四*

终身伴侣啊我一想到你，

若没有信义和羞耻，

头髻上带的松石，

是不会说话的啊！

注：这一节是说女子若不贞，男子无从监督，因为能同女子到处去的，只有伊头上戴的松石。

二十五

你露出白齿儿微笑，

是正在诱惑我呀？

心中是否有热情，

请发一个誓儿！

二十六

情人邂逅相遇，*

被当炉的女子撮合。

若出了是非或债务，

你须担负他们的生活费啊！

注：这一句乃是藏族人民常说的一句成语，直译当作"情人犹如鸟同石块在路上相遇"；意思是说鸟落在某一块石头上，不是山鸟的计划，乃系天缘。

以此比情人的相遇全系天缘。

二十七
心腹话不向父母说，
却在爱人面前说了。
从爱人的许多牡鹿*之间，
秘密的话被仇人听去了。
注：此处的牡鹿，系指女子底许多"追逐者"。

二十八*
情人艺桌拉茉*，
虽是被我猎人捉住的，
却被大力的长官
讷桑嘉鲁夺去了。

注一：有一个故事藏在这一节里边，但是讲这个故事的书在北平找不到，我所认识的藏族人士又都不知道这个故事，所以不能将故事中的情节告诉读者。

注二：此名意译当作"夺人心神的仙女"。

二十九
宝贝在手里的时候，
不拿它当宝贝看；
宝贝丢了的时候，
却又急的心气上涌。

三十
爱我的爱人儿，
被别人娶去了。

心中积思成痨，
身上的肉都消瘦了。

三十一
情人被人偷去了，
我须求签问卜去罢。
那天真烂漫的女子，
使我梦寐不忘。

三十二
若当炉的女子不死*，
酒是喝不尽的。
我少年寄身之所，
的确可以在这里。

  注：西藏的酒家多系娼家，当炉女多兼操神女生涯，或撮合痴男怨女使在酒家相会。可参看第二十六节。

三十三
彼女不是母亲生的，
是桃树上长的罢？
伊对一人的爱情，
比桃花凋谢得还快呢！

三十四*
我自小相识的爱人，
莫非是与狼同类？
狼虽有成堆的肉和皮给它，
还是预备住在上去。

注：这一节是一个男子以自己底财力不能买得一个女子永久的爱，怨恨女子的话。

三十五
野马往山上跑，
可用陷阱或绳索捉住；
爱人起了反抗，
用神通力也捉拿不住。

三十六
躁急和暴怒联合，
将鹰底羽毛弄乱了；
诡诈和忧虑的心思，
将我弄憔悴了。

校：前三句应为"岩石和狂风联合，/将鹰的羽毛磨损了；/诡诈和戴假面之人……"

三十七
黄边黑心的浓云，
是严霜和灾雹底张本；
非僧非俗的班第*，
是我佛教法底仇雠。

注：藏文为ban-dhe。据叶式客（Yaschke）的《藏英字典》有二义：（1）佛教僧人；（2）本波（bon po）教出家人。按"本波教"为西藏原始宗教，和内地的道教极相似。在西藏常和佛教互相排斥。此处ban dhe似系作第二义解。

校：第二句中"张本"应为"根源"。

三十八
表面化水的冰地，

不是骑牡马的地方；

秘密爱人的面前，

不是谈心的地方。

三十九*

初六和十五日的明月*，

到〔倒〕是有些相似；

明月中的兔儿，

寿命却消磨尽了。

注一：这一节的意义不甚明了。据我看，若将这一节的第1、2两行和第四十二节的第1、2两行交换地位，这两节的意思，好像都要较为通顺一点。据一位西藏友人说这一节中的明月是比为政的君子，兔儿是比君子所嬖幸的小人。

注二：这一句藏文原文中有tshcs-chen一字为达斯氏字典中所无。但此字显然是翻译梵文mahatithi一字。据威廉斯氏《梵英字典》796页谓系阴历初六日。

四十*

这月去了，

下月来了。

等到吉祥白月的月初*，

我们即可会面。

注一：这一节据说是男女相约之词。

注二：印度历法自月盈至月满谓之（白月）。见丁氏《佛学大辞典》904页下。

四十一

中间的弥卢山王*，

请牢稳地站着不动。

日月旋转的方向，

并没有想要走错。

注："弥卢山王"藏文为ri-rgyal-lhun-po。ri-rgyal意为"山王"，lhun-po意为"积"，乃译梵文之Meru一字。按Meru普通多称作Sumeru，汉文佛经中译意为"善积"，译音有"须弥山""修迷楼""苏迷卢"等，但世人熟知的，只有"须弥山"一名。在西藏普遍称此山为ri rab。古代印度人以为须弥山是世界的中心，日月星辰都绕着它转。这样的思想虽也曾传入我国内地，却不像在西藏那样普遍。在西藏没有一个人不知道ri rab这个名字的。

四十二*

初三的明月发白，

它已尽了发白的能事，

请你对我发一个

和十五日的夜色一样的誓约。

注：这一节意义不甚明了。

四十三

住在十地*界中的

有誓约的金刚护法，

若有神通和威力，

请将佛法底冤家驱逐。

注：菩萨修行时所经的境界有十地：（1）欢喜地；（2）离垢地；（3）发光地；（4）焰慧地；（5）极难胜地；（6）现前地；（7）远行地；（8）不动地；（9）善慧地；（10）法云地。见丁氏《佛学大辞典》225页中。护法亦系菩萨化身，故亦在十地界中。

四十四

杜鹃从寰地来时，

适时的地气也来了；

我同爱人相会后，

身心都舒畅了。

四十五

若不常想到无常和死，

虽有绝顶的聪明，

照理说也和呆子一样。

四十六

不论虎狗豹狗*，

用香美的食物喂它就熟了；

家中多毛的母老虎*，

熟了以后却变的更要凶恶。

注一：虎狗、豹狗系各种狗的名字。

注二："多毛的母老虎"系指家中的悍妇。

校：第二句中"香美的食物"应为"一小撮糌粑"。

四十七

虽软玉似的身儿已抱惯，

却不能测知爱人心情的深浅。

只在地上画几个图形，

天上的星度却已算准。

四十八

我同爱人相会的地方，

是在南方山峡黑林中。

除去会说话的鹦鹉以外，

不论谁都不知道。
会说话的鹦鹉请了，
请不要到十字路上去多话！*

注：这一句在达斯本中作"不要泄露秘密"。

校：第二句中"山峡"应为"盆地"。第六句中"到十字路上去多话"应为"把秘密宣扬"。

四十九
在拉萨拥挤的人群中，
琼结*人的模样俊秀。
要来我这里的爱人，
是一位琼结人哪！

注：据贝尔氏说琼结Chung rgyal乃第五代达赖出生地，但是他却没有说是在什么地方。据藏族学者说是在拉萨东南，约有两天的路程。我以为它或者就是hphyong-rgyas（达斯氏字典852页），因为这两字在拉萨方言中读音是相似的。

校：全诗应为"在拉萨人口稠密，／琼结人种优良。／能作我情侣的人，／就在琼结的土地上"。

五十A
有腮胡的老黄狗，
心比人都伶俐。
不要告诉人我薄暮出去，
不要告诉人我破晓回来。

五十B
薄暮出去寻找爱人，
破晓下了雪了。

住在布达拉时，

是瑞晋仓央嘉措。

校：第二句中"下了雪了"应为"下了大雪"。第四句中"瑞晋"应为"仁增"。

五十C

在拉萨下面住时，

是浪子宕桑汪波，

秘密也无用了，

足迹已印在了雪上。*

注：当仓央嘉措为第六代达赖时在布达拉宫正门旁边又开了一个旁门，将旁门的钥匙自己带着。等到晚上守门的把正门锁了以后，他就戴上假发，扮作在家人的模样从旁门出去，到拉萨民间，改名叫作宕桑汪波，去过他底花天酒地的生活。待破晓即回去将旁门锁好，将假发卸去，躺在床上装作老实人。这样好久，未被他人识破；有一次在破晓未回去以前下了大雪，回去时将足迹印在了雪上。宫中的侍者早起后见有足迹从旁门直到仓央嘉措的卧室，疑有贼人进去。以后根究足迹底来源，直找到荡妇的家中，又细看足迹是仓央嘉措自己底。乃恍然大悟。从此这件秘密乃被人知道了。

校一：第三句中"秘密也无用了"应为"保密不保密都一样"。

校二：五十B的前两句与五十C的后两句应为一首，五十B的后两句与五十C的前两句应为一首。

五十一

被中软玉似的人儿，

是我天真烂熳的情人。

你是否用假情假意，

要骗我少年财宝？

五十二*

将帽子戴在头上,

将发辫抛在背后。

他说:"请慢慢地走*!"

他说:"请慢慢地住。"

他问:"你心中是否悲伤?"

他说:"不久就要相会!"

注一:这一节据说是仓央嘉措预言他要被拉藏汗掳去的事。

注二:"慢慢地走"和"慢慢地住"乃藏族人民离别时一种通常套语,犹如汉人之"再见"。

校:第三句、第六句中"他说"均应为"她说"。第四句中"住"应为"留"。第五句中"是否"应为"不要"。

五十三*

白色的野鹤啊,

请将飞的本领借我一用。

我不到远处去耽搁,

到理塘去一遭就回来。

注:据说这一节是仓央嘉措预言他要在理塘转生的话。藏族朋友还告诉了我一个故事,也是这位达赖要在理塘转生为第七代达赖的预言,现在写它出来。据说仓央嘉措去世以后,西藏人民急于要知道他到哪里去转生,先到箭头寺去向那里的护法神请示,不得要领。乃又到噶玛沙(skar-ma-shangi)去请示。那里的护法神附了人身以后,只拿出了一面铜锣来敲了一下。当时人都不明白这是什么意思,等到达赖在理塘转生的消息传来以后,乃都恍然大悟。原来作响锣的铜藏文作li(理),若把锣一敲就发thang(塘)的一声响,这不是明明白白地说达赖在要理塘转生么!

五十四*
死后地狱界中的,
法王*有善恶业底镜子,*
在这里虽没有准则,
在这里须要报应不爽,
让他们得胜啊！*

注一：这一节是仓央嘉措向阎罗说的话。

注二："法王"有三义：（1）佛为法王；（2）护持佛法之国王为法王；（3）阎罗为法王。（见达斯氏字典430页。）此处系指阎罗。

注三："善恶业底镜"乃冥界写取众生善恶业的镜子。（可参看丁氏《佛学大辞典》2348页。）

注四："让他们得胜啊"原文为dsa-yantu乃是一个梵文字。藏文书在卷终常有此字。

校：后三句应为"这方做得不对,／请您那方公正裁决"。

五十五
卦箭*中了鹄的以后,
箭头钻到地里去了；
我同爱人相会以后,
心又跟伊去了。

注：系用射的以占卜吉凶的箭。（参见达斯氏《藏英字典》673页。）

五十六
印度东方的孔雀,
公〔工〕布谷底底鹦鹉,
生地各各不同,
聚处在法轮*拉萨。

注："法轮"乃拉萨别号,犹如以前的北京称为"首善之区"。

五十七*
人们说我的话,
我心中承认是对的。
我少年琐碎的脚步,
曾到女店东家里去过。

注：据说这一节是仓央嘉措底秘密被人晓得了以后，有许多人背地里议论他，他听到了以后暗中承认的话。

校：第二句应为"我承认并表歉意"。注释补充：这是仓央嘉措回应第巴·桑结嘉措批评自己的诗歌。

五十八
柳树爱上了小鸟,
小鸟爱上了柳树。
若两人爱情和谐,
鹰即无隙可乘。

五十九
在极短的今生之中,
邀得了这些宠幸；
在来生童年的时候,
看是否能再相逢。

校：第二句应为"就这样算了吧"。

六十
会说话的鹦鹉儿,
请你不要作声。
柳林里的画眉姐姐,
要唱一曲好听的调儿。

六十一*

后面凶恶的龙魔，*

不论怎样利害；

前面树上的苹果，

我必须摘一个吃。

注一：这一节是荡子底话。枝上的苹果是指荡子意中的女子。后面的毒龙是指女子家中的父亲或丈夫。

注二：龙在西藏传说中有两种：一种叫作klu，读作"卢"，是有神通，能兴云作雨，也能害人的灵物。一种叫作hbrug，读作"朱"，是夏出冬伏，只能随同klu行雨，无甚本领，而也与人无害的一种动物。藏族人民都以为下雨时的雷声即系hbrug底鸣声，所以"雷"在藏文中叫作hbrug-skad。klu常住在水中，或树上。若住在水中，他底附近就常有上半身作女子身的怪鱼出现。若是有人误在他底住处捕鱼，或抛弃不干净的东西，他就使那人生病。他若在树上住时，永远是住在"女树"（mo-shing）上。依西藏传说，树也分男女，凡结鲜艳的果子的都是女树。因为他有神通。所以他住在树上时我们的肉眼看不见他。不过若是树上住着一个klu，人只可拾取落在地下的果子，若是摘树上的果子吃，就得风湿等病，所以风湿在藏文中叫作klu病（Klu-nad）。

六十二*

第一最好是不相见，

如此便可不至相恋；

第二最好是不相识，

如此便可不用相思。

注：这一节据藏族学者说应该放在二十九节以后。

曾缄七言绝句译本

曾缄（1892—1968），四川叙永人，字慎言，一作圣言。早年就读于北京大学中文系，受教于国学大师黄侃，古典文学造诣颇深。后到蒙藏委员会任职，期间搜集、整理并翻译了仓央嘉措的藏语诗歌，成为传世名作。

译文来源：曾缄《六世达赖情歌六十六首》，载《康导月刊》，1939年1卷8期。

其一
心头影事幻重重，化作佳人绝代容，恰似东山山上月，轻轻走出最高峰。
注：此言倩影之来心上，如明月之出东山。

其二
转眼苑枯便不同，昔时芳草化飞蓬，饶君老去形骸在，弯似南方竹节弓。
注：藏南、布丹等地产良弓，以竹为之。

其三
意外娉婷忽见知，结成鸳侣慰相思，此身似历茫茫海，一颗骊珠乍得时。

其四
邂逅谁家一女郎，玉肌兰气郁芳香，可怜璀璨松精石，不遇知音在路旁。
注：松石藏人所佩，示可避邪，为宝石之一种。

其五
名门娇女态翩翩，阅尽倾城觉汝贤，比似园林多少树，枝头一果娉姹妍。
注：以枝头果状伊人之美，颇为别致。

其六
一自魂消那壁厢，至今寤寐不能忘，当时交臂还相失，此后思君空断肠。

其七
我与伊人本一家,情缘虽尽莫咨嗟,清明过了春归去,几见狂蜂恋落花。

其八
青女欲来天气凉,蒹葭和露晚苍苍,黄蜂散尽花飞尽,怨杀无情一夜霜。
注:意谓拆散蜂与花者霜也。

其九
飞来野鹜恋丛芦,能向芦中小住无,一事寒心留不得,层冰吹冻满平湖。

其十
莫道无情渡口舟,舟中木马解回头,不知负义儿家婿,尚解回头一顾不?
注:藏中渡船皆刻木为马,其头反顾。

其十一
游戏拉萨十字街,偶逢商女共徘徊,匆匆绾箇同心结,掷地旋看已自开。

其十二
长干小生最可怜,为立祥幡傍柳边,树底阿哥须护惜,莫教飞石到幡前。
注:藏俗于屋前多竖经幡,用以祈福。此诗可谓君子之爱人也,因及于其屋之幡。

其十三
手写瑶笺被雨淋,模糊点画费探寻,纵然灭却书中字,难灭情人一片心。

其十四
小印园匀黛色深,私钳纸尾意沉吟,烦君刻画相思去,印入伊人一寸心。
注:藏人多用园印,其色作黛绿。

其十五

细腰蜂语蜀葵花,何日高堂供曼遮,但使侬骑花背稳,请君驮上法王家。

注:曼遮,佛前供养法也。

其十六

含情私询意中人,莫要空门证法身,卿果出家吾亦逝,入山和汝断红尘。

注:此上二诗,于本分之为二,言虽出家,亦不相离。前诗葵花,比意中人,细腰蜂所以自况也。其意一贯,故前后共为一首。

其十七

至诚皈命喇嘛前,大道明明为我宣,无奈此心狂未歇,归来仍到那人边。

其十八

入定修观法眼开,启求三宝降灵台,观中诸圣何曾见,不请情人却自来。

其十九

静时修止动修观,历历情人挂眼前,肯把此心移学道,即生成佛有何难。

注:以上二诗亦为一首,于分为二。藏中佛法最重观想,观中之佛菩萨,名曰本尊,此谓观中本尊不现,而情人反现也。昔见他本情歌二章,余约其意为蝶恋花词云:静坐焚香观法像,不见如来,镇日空凝想。只有情人来眼上,亭亭铸出娇模样。碧海无言波自荡,金雁飞来,忽露惊疑状。此事寻常君莫怅,微风皱作鳞鳞浪。前半阕所咏即此诗也。

其二十

醴泉甘露和流霞,不是寻常卖酒家,空女当炉亲赐饮,醉乡开出吉祥花。

注:空行女是诸佛眷属,能福人。

其二十一

为竖幡幢诵梵经,欲凭道力感娉婷,琼筵果奉佳人召,知是前朝佛法灵。

其二十二
贝齿微张笑靥开,双眸闪电座中来,无端觑看情郎面,不觉红涡晕两腮。

其二十三
情到浓时起致辞,可能长作玉交枝,除非死后当分散,不遣生前有别离。
注:前二句是问词,后二句是答词。

其二十四
曾虑多情损梵行,入山又恐别倾城,世间安得双全法,不负如来不负卿。

其二十五
绝似花蜂困网罗,奈他工布少年何,圆成好梦才三日,又拟将身学佛陀。
注:工布藏中地名,此女子诮所欢男子之辞。

其二十六
别后行踪费我猜,可曾非议赴阳台,同行只有钗头凤,不解人前告密来。
注:此疑所欢女子有外遇而致恨钗头凤之缄口无言也。原文为髻上松石,今以钗头凤代之。

其二十七
微笑知君欲诱谁,两行玉齿露参差,此时心意真相属,可肯侬前举誓词。

其二十八
飞来一对野鸳鸯,撮合劳他贳酒娘,但使有情成眷属,不辞辛苦作慈航。
注:拉萨酒家撮合痴男怨女,即以酒肆作女闾。

其二十九
密意难为父母陈,暗中私说与情人,情人更向情人说,直到仇家听得真。

其三十
腻婥仙人不易寻，前朝遇我忽成禽，无端又被卢桑夺，一入侯门似海深。

注：腻婥拉荣，译言为夺人魂魄之神女。卢桑人名，当时有力权贵也。藏人谓此诗有故事，未详。

其三十一
明知宝物得来难，在手何曾作宝看，直到一朝遗失后，每思奇痛彻心肝。

其三十二
深怜密爱誓终身，忽抱琵琶向别人，自理愁肠磨病骨，为卿憔悴欲成尘。

其三十三
盗过佳人便失踪，求神问卜冀重逢，思量昔日天真处，只有依稀一梦中。

注：此盗亦复风雅，唯难乎其为失主耳。

其三十四
少年浪迹爱章台，性命唯堪寄酒怀，传语当炉诸女伴，卿如不死定常来。

注：一云：当炉女子未死日，杯中美酒无尽时，少年一身安所托，此间乐可常栖迟。此当炉女，当是仓央嘉措夜出便门私会之人。

其三十五
美人不是母胎生，应是桃花树长成，已恨桃花容易落，落花比汝尚多情。

注：此以桃花易谢，比彼姝之情薄。

其三十六
生小从来识彼姝，问渠家世是狼无，成堆血肉留难住，奔走荒山何所图。

注：此竟以狼况彼姝，恶其野性难驯。

其三十七
山头野马性难驯，机陷犹堪制彼身，自叹神通空具足，不能调伏枕边人。
注：此又以野马况之。

其三十八
羽毛零乱不成衣，深悔苍鹰一怒非，我为忧思自憔悴，那能无损旧腰围。
注：鹰怒则损羽毛，人忧亦亏形容，此以比拟出之。

其三十九
浮云内黑外边黄，此是天寒欲雨霜，班弟貌僧心是俗，明明未法到沧桑。
注：班弟教名，此藏中外道，故仓央嘉措斥之。

其四十
外虽解冻内偏凝，骑马还防踏暗冰，往诉不堪逢彼怒，美人心上有层冰。
注：谓彼美外柔内刚，惴惴然常恐不当其意。

其四十一
弦望相看各有期，本来一体异盈亏，腹中顾兔消磨尽，始是清光饱满时。
注：此与杜子美"斫却月中桂，清光应更多"同义，藏中学者，谓此诗以月比君子，兔比小人，信然。原文甚晦，疑其上下句有颠倒，余以意通之，译如此。

其四十二
前月推移后月来，暂时分手不须衰，吉祥白月行看近，又到佳期第二回。
注：藏人依天竺俗，谓月满为吉祥白月。

其四十三
须弥不动住中央，日月游行绕四方，各驾轻车投熟路，未须却脚叹迷阳。
注：日月皆绕须弥，出佛经。

其四十四
新月才看一线明，气吞碧落便横行，初三自诩清光满，十五何来皓魄盈？

注：讥小人小得意便志得意满。

其四十五
十地庄严住法王，誓言诃护有金刚，神通大力知无敌，尽逐魔军去八荒。

注：此赞佛之词。

其四十六
杜宇新从漠地来，无边春色一时回，还如意外情人至，使我心花顷刻开。

注：藏地高寒，杜宇啼而后春至，此又以杜宇况其情人。

其四十七
不观生灭与无常，但逐轮回向死亡，绝顶聪明矜世智，叹他于此总茫茫。

注：谓人不知佛法，不能观死无常，虽智实愚。

其四十八
君看众犬吠狺狺，饲以雏豚亦易训，只有家中雌老虎，愈温存处愈生嗔。

注：此又斥之为虎，且抑虎而扬犬，读之可发一笑。

其四十九
抱惯娇躯识重轻，就中难测是深情，输他一种觇星术，星斗弥天认得清。

注：天上之繁星易测，而彼美之心难测，然既抱惯娇躯识重轻矣，而必欲知其情之深浅，何哉？我欲知之，而彼偏不令我知之，而我弥欲知之，如是立言，是真能勘破痴儿女心事者。此诗可谓妙文，嘉措可谓快人。

其五十
郁郁南山树草繁，还从幽处会婵娟，知情只有闲鹦鹉，莫向三叉路口言。

注：此野合之词。

其五十一
拉萨游女漫如云，琼结佳人独秀群，我向此中求伴侣，最先属意便为君。

注：琼结地名，佳丽所自出。杜少陵诗云：燕赵休矜出佳丽，后宫不拟选才人。此适与之相反。

其五十二
龙钟黄犬老多髭，镇日司阍仗尔才，莫道夜深吾出去，莫言破晓我归来。

注：此黄犬当是为仓央嘉措看守便门者。

其五十三
为寻情侣去匆匆，破晓归来积雪中，就里机关谁识得，仓央嘉措布拉宫。

注：以上二诗原本为一首，而于本分之。

其五十四
夜走拉萨逐绮罗，有名荡子是汪波，而今秘密浑无用，一路琼瑶足迹多。

注：此记更名宕桑汪波，游戏酒家，踏雪留痕，为执事僧识破事。

其五十五
玉软香温被裹身，动人怜处是天真，疑他别有机权在，巧为钱刀作笑颦。

其五十六
轻垂辫发结冠缨，临别叮咛缓缓行，不久与君须会合，暂时判袂莫伤情。

注：仓央嘉措别传言夜出，有假发为世俗人装，故有垂发结缨之事。当是与所欢相诀之词，而藏人则谓是被拉藏汗逼走之预言。

其五十七
跨鹤高飞意壮哉，云霄一羽雪皑皑，此行莫恨天涯远，咫尺理塘归去来。

注：七世达赖转生理塘，藏人谓是仓央嘉措再世，即据此诗。

附录

其五十八
死后魂游地狱前，冥王业镜正高悬，一囚阶下成禽日，万鬼同声唱凯旋。

其五十九
卦箭分明中鹄来，箭头颠倒落尘埃，情人一见还成鹄，心箭如何挽得回？
注：卦箭卜巫之物，藏中喇嘛用以决疑者。此谓卦箭中鹄，有去无还，亦如此心驰逐情人，往而不返也。

其六十
孔雀多生印度东，娇鹦工布产偏丰，二禽相去当千里，同在拉萨一市中。

其六十一
行事曾叫众口哗，本来白璧有微瑕，少年琐碎零星步，曾到拉萨卖酒家。

其六十二
鸟对垂杨似有情，垂杨亦爱鸟轻盈，若叫树鸟长如此，伺隙苍鹰那得撄？
注：虽两情缱绻，而事机不密，亦足致败，仓央嘉措于此似不无噬脐之悔。

其六十三
结尽同心缔尽缘，此生虽短意缠绵，与卿再世相逢日，玉树临风一少年。

其六十四
吩咐林中解语莺，辩才虽好且休鸣，画眉阿姊垂杨畔，我要听他唱一声。
注：时必有以不入耳之言，强聒于仓央嘉措之前者。

其六十五
纵使龙魔逐我来，张牙舞爪欲为灾，眼前苹果终须吃，大胆将他摘一枚。
注：龙魔谓强暴，苹果喻佳人，此大有见义不为无勇之概。

其六十六

但曾相见便相知,相见何如不见时?安得与君相诀绝,免教辛苦作相思。

注:强作解脱语,愈解脱,愈缠绵,以此作结,悠然不尽。或云当移在三十九首后,则索然矣。

主要参考文献

[1]黄颢,吴碧云.仓央嘉措及其情歌研究(资料汇编)[M].拉萨:西藏人民出版社,1982.

[2]恰白·次旦平措,诺章·吴坚,平措次仁.西藏通史:松石宝串[M].陈庆英等译.拉萨:西藏藏文古籍出版社,1996.

[3]庄晶.六世达赖喇嘛仓央嘉措情诗(藏汉文本)[M].北京:中国藏学出版社,2010.

[4]牙含章.达赖喇嘛传[M].北京:华文出版社,1999.

[5]牙含章.班禅额尔德尼传[M].北京:华文出版社,1999.

[6]尕藏加.密宗——藏传佛教神秘文化[M].北京:中国藏学出版社,2012.

[7]王辅仁,索文清.藏族史要[M].成都:四川民族出版社,1982.

[8]释妙舟.蒙藏佛教史[M].扬州:广陵书社,2009.

[9]王辅仁.西藏佛教史略[M].西宁:青海人民出版社,1982.

[10][意]杜齐.西藏中世纪史[M].李有义,邓锐龄译.北京:中国社会科学院民族研究部,1980.

[11]陈立明,曹晓燕.西藏民俗文化[M].北京:中国藏学出版社,2010.

[12]东嘎·洛桑赤列.论西藏政教合一制度[M].郭冠忠,王玉平译.拉萨:西藏人民出版社,2008.

[13][日]若松宽.清代蒙古的历史与宗教[M].马大正等编译.哈尔滨:黑龙江教育出版社,1994.

[14]魏源.圣武记[M].北京:中华书局,1984.

[15]张其勤,吴丰培.清代藏事辑要[M].拉萨:西藏人民出版社,1983.

[16]袁闾琨等.白话精评历代纪事本末[M].沈阳:辽海出版社,2006.

[17]乔吉,马永真.蒙古族服饰文化[M].呼和浩特:内蒙古人民出版社,2003.

[18] 黄沛翘. 西藏图考 [M].《西藏研究》编辑部整理. 拉萨：西藏人民出版社, 1982.

[19] 蔡志纯, 黄颢. 藏传佛教中的活佛转世 [M]. 北京：华文出版社, 1999.

[20] 达仓宗巴·班觉桑布. 汉藏史集 [M]. 陈庆英译. 拉萨：西藏人民出版社, 1986.

[21] 阿旺伦珠达吉. 六世达赖喇嘛仓央嘉措秘传 [M]. 庄晶译. 北京：中国藏学出版社, 2010.

[22] 杨嘉铭, 赵心愚, 杨环. 西藏建筑的历史文化 [M]. 西宁：青海人民出版社, 2003.

[23] 赤烈曲扎. 西藏风土志 [M]. 拉萨：西藏人民出版社, 1982.

[24] 黄奋生. 藏族史略 [M]. 北京：民族出版社, 1985.

[25] 张鹰. 藏戏歌舞 [M]. 上海：上海人民出版社, 2009.

[26] 周良沛. 藏族情歌 [M]. 武汉：长江文艺出版社, 1956.

[27] 佟锦华. 藏族古典文学 [M]. 长春：吉林教育出版社, 1989.

[28] 陈庆浩, 王秋桂. 西藏民间故事集 [M]. 台北：远流出版事业股份有限公司, 1989.

[29] 克珠群佩. 西藏佛教史 [M]. 北京：宗教文化出版社, 2009.

[30] 马丽华. 风化成典：西藏文史故事十五讲 [M]. 北京：中国藏学出版社, 2009.

[31] 章嘉·若贝多杰. 七世达赖喇嘛传 [M]. 蒲文成译. 拉萨：西藏人民出版社.1989.

[32] 武振华. 西藏地名 [M]. 北京：中国藏学出版社, 1996.

[33] [意] 伯戴克. 十八世纪前期的中原和西藏 [M]. 周秋有译. 拉萨：西藏人民出版社, 1987.

[34] 王辅仁, 陈庆英. 蒙藏民族关系史略 [M]. 北京：中国社会科学出版社, 1985.

[35] 谢启晃, 李双剑, 丹珠昂奔. 藏族传统文化辞典 [Z]. 兰州：甘肃人民出版社, 1993.

[36] 王尧, 陈庆英. 西藏历史文化辞典 [Z]. 杭州: 浙江人民出版社, 1998.

[37] 任继愈. 佛教大辞典 [Z]. 南京: 江苏古籍出版社, 2002.

[38] 蒲文成. 宁玛派的民间信仰 [J]. 中国藏学, 2001 (03): 90-92.

[39] 那剑卿. 酥油花: 讲述藏传佛教美丽故事的神秘花朵 [J]. 中国西藏 (中文版), 2004 (01): 52-54.

[40] 拉鲁·次旺多吉. 拉鲁家族和拉鲁林苑 [J]. 中国西藏 (中文版), 1994 (06): 42-46.

[41] 党彩娟. 仓央嘉措情歌与藏族民歌之比较 [J]. 重庆科技学院学报 (社会科学版), 2011 (23): 102-103.

[42] 恰白·次旦抧措. 谈谈与《仓央嘉措情歌》有关的几个历史事实 [J]. 曹晓燕译. 西藏民族学院学报 (社会科学版), 1990 (03): 78-85.

[43] 荣立宇, 刘斌斌. 仓央嘉措诗歌在汉语文化圈中传播的流俗化 [J]. 西北民族大学学报 (哲学社会科学版), 2013 (02): 116-123.

[44] 荣立宇. 仓央嘉措诗歌在汉语文化圈中的早期译介 [J]. 北方民族大学学报, 2012 (06): 72-77.